U0709864

古代字書輯刊

集篆古文韻海校補

〔宋〕杜從古 撰
丁治民 校補

中華書局

圖書在版編目(CIP)數據

集篆古文韻海校補/(宋)杜從古撰;丁治民校補.
—北京:中華書局,2013.1(2015.6重印)
(古代字書輯刊)
ISBN 978-7-101-08735-2

Ⅰ.集… Ⅱ.①杜…②丁… Ⅲ.篆書-中國-古代-字典 Ⅳ.H163

中國版本圖書館CIP數據核字(2012)第123138號

責任編輯:陳 喬

古代字書輯刊

集篆古文韻海校補

〔宋〕杜從古 撰

丁治民 校補

*

中華書局出版發行

(北京市豐臺區太平橋西里38號 100073)

http://www.zhbc.com.cn

E-mail:zhbc@zhbc.com.cn

北京天來印務有限公司印刷

*

787×1092毫米 1/16·23¼印張·2插頁·310千字

2013年1月第1版 2015年6月北京第2次印刷

印數:2001-3000册 定價:68.00元

ISBN 978-7-101-08735-2

目錄

出版説明

《集篆古文韻海》，五卷，宋杜從古撰，是繼《汗簡》、《古文四聲韻》之後又一部古文字典，輯録了當時所見的傳鈔古文和出土器銘。該書在搜集古文方面比前二者有新的增益，涉獵甚廣，如青銅器銘文、周秦碑刻文字等，可與前二書互參。

從今天來看，該書的價值主要有兩點：一是補出了《集韻》裏許多重文的古文寫法。二是吸收了前人研究的成果，采用了《汗簡》、《古文四聲韻》二書的古文字頭，占到三分之一强，擴大了古文形體的範圍，同時也是對《汗簡》、《古文四聲韻》二書的新貢獻。

《集篆古文韻海校補》由丁治民先生據《永樂大典》殘卷、《古老子》碑文、《集韻》進行了校補工作，具體情況見「校補説明」。

就目前所知，《集篆古文韻海》被轉録或引用的除《永樂大典》外，還有元刻《古老子》碑，本書把《古老子》五千多字的古文形體重新排列，附於書後，供讀者參考。爲方便讀者，我們特徵得郭子直先生家屬同意，將《記元刻古文〈老子〉碑兼評〈集篆古文韻海〉》附録於後。

本書所據版本爲宛委别藏影摹舊鈔本，一九三五年由故宫博物院委託商務印書館影印。

本書編輯過程中，承趙誠先生惠借資料，謹致謝忱。

中華書局編輯部

二〇一二年六月

集篆古文韻海

宛委別藏影摹舊鈔本

故宮博物院委託商務印書館景印
原書葉心高廿一公分寬十五公分

集篆古文韻海序

臣聞書契之作以代結繩自蒼頡垂範立制[illegible]爲事歷堯舜三代彌數千百歲祖述規[illegible]意義融光散氣炳異丹青禮樂典章[illegible]損益形名度數昭示於維持去古既邈[illegible]源學士大夫趨便就俗是非無正人用其私至有謂馬頭人爲長人持十爲斗之說莫可勝舉蒼頡之文不得而見矣至周宣王時又有史籀其學最精今所見者獨遺石鼓秦相李斯輒損其繁而爲小篆渾厚端莊世亦鮮儷在漢則崔子玉以之而名家於唐則李陽冰因之而致譽矣則美矣亦於斯籀之門曾未造乎藩籬篆之爲學而豈易哉世之學者研精鋭意或至窮年皓首不能得乎彷彿者何耶良以見聞不博奇奧莫臻是使後進殫歎超然遠覽比肩古人蓋不可得恭惟

皇帝陛下天縱睿知觀象奎躔六體之妙超軼前古猶且屢下明詔訪求散佚於是深山大澤之藏秘壇千百之守鼎彝尊卣款識悉輸御府古文奇字繆篆蟲書靡不研覽萃所以緝熙聖學羣臣莫望於清光歟發自慶歷中文莊夏竦披求斷碑壽簡銘記文頌所得之字殆及百家上以備顧問之不逮下以便後學之討閱功雖甚勤殊多舛謬臣嘗慨朝廷有大典冊垂之萬

世而百氏濡毫體法不備豈不累太平之盛舉臣性識闇昧固不足以商確其精粗是正其異同誠以博求三代之字僅四十年雖未云衍每閱於目粲然炳燿如在其世而親炙焉今輒以所集鐘鼎之文周秦之刻下及崔瑗李陽冰筆意近古之字句中正郭忠恕碑記集古之文有可取者摭之不遺猶以爲未也又纂羅篇韻所載古文詳考其當收之略盡於今韻略字有不足則又取許慎說文參以鼎篆偏旁補之庶足於用而無闕焉比集韻則不足校韻略則有餘視竦所集則增廣數十倍矣其所標出處之目則不盡收其書且以汗簡諸書爲證後以四聲一一編之分爲五卷名之曰集篆古文韻海雖未足以追華前昔亦可爲聖朝文物中一事今臣集篆以來屢易寒暑文字浩瀚是非混淆以一己之力纂百家之學常慮終身不能成書以負犬馬之志今則陶染聖澤得畢所學實

千載一時生死之至幸若夫所載或訛所集未博更俟將來廣其源委臣之淺句亦容有助於波瀾

宣和元年九月二十八日朝請郎尚書職方員外郎

臣杜從古謹序

集篆古文韻海卷第一

上平聲

一東

東 涷 陳 倲 蝀
錬 通 恫
狪 同
童 侗 曈 瞳 疃
銅 桐 艟
橦 衕 鮦 憧 酮
甌 戙 峒 䆚
苳 潼 痌 籠
槊 櫳 聾
朧 瓏 龍 巃
礱 磬 龍 龐 龖
䪱 髳 堤 蒙
家 影 濛

冡 鏓 䐫 總
蜙 鬆 忽
窻 㚇 䍟 稅
艘 䅮 叢
洪 鴻 虹
訌 阬 玒 䚾 空
公 功 攻 豐
風 嵩 䳒 鳩
充 終 螽
麽 戎 䄾 毹 崇
中 忠 蟲 沖
茧 隆 癃 蠶
融 雄
熊 弓 躬 宮
穹 芎 窮 䆛

二冬

冬

農 盥 宗 慒

三 鍾

鏞 鐘

慫 蝩 鍾 衝

劅 鳙 同上 蹤

松 从

鏠 蜂 重 龔

龍

容 蓉 墉

庸 鏞 封 縫

銎 恭

龔 供 哄

凶 兇 洶

邕 灉 雍 雝

饔 灉 灉 癰

[illegible] 擁 容 蛩

邛 蛬 巩 舼

巩

四 江

江 瓬 肛 降

缸 上㟅下降 邦 龐

尨 牕 囪 嵸 瀧

噥

五 支

支 枝 肢 巵 禔

觶 鳷 枳 騒

施 覗 鍦 絁

攱 訑 吹 炊

差 齹 柴 匙

衰 鵗 茈 軝 姼

垂 錘 兒

斯　虒　褫　鷈
[illegible]　雌　訾　髭　厜
疵　觜　知　隨
鼅　螭　离　馳
池　篪　離
麗　蘺　謧　䬹　披
披　被　罷　鈹
皮　醾　糜　劘　羌

卑　髀　罙　監　鵯
弥　移　匜　扅
蛇　訑　歋　祇　岐
同上　敧　隓　隳
鮹　闚　規
羈　奇　犧　羲
戲　虘　檵　巇　稀
巇　欹　崎　奇　畸

宜　儀　轙
爲
鄬　危

六　脂

脂　泜　佳
師　獅　鰤
魠　誰　萑　蹝
荽　私　緌

雖　浽　趑
韡　咨　資
姿　餈　粢
盜　齏　雈　餈　瓷
秖　追　郗　坻
遲　茋　蚳
椎　犂　黧　梨　藜
欙　尼　猊　怩

夷 寅 遺
臭
帷 吚
惟 伊 郗
龜 鵻 逵 夔
頯 蘬 馗 丕
狉 悲 蚍
岯 眉 湄

麋 薇

七之

之 同上 頤 同上 怡
飴 同上 甾 同上 淄
時 同上 疑 同上
思
緦 絲 其
同上 期 旗

麒 綦 詩 同上
而 箕
同上 姬 同上 基 同上
朞 詞 辭 同上
辭 臺 同上 貍 氂
犛 斄 輜 僖 同上
禧 嬉 熙 同上 噫
持 慈 玆 滋 諆

司

八微

微 煇 同上 幃
同上 圍 違 妃 非
同上 飛 同上 肥 威
同上 祈 同上 圻 機
希 依 衣 同上 歸
同上 旂 巍

九魚

魚　同上　書　同上　舒

初　同上　居

同上　車　同上　余　同上

餘　旟　予　同上　與

鉏　踈　同上　同上

徐　於　驢　諸　同上

如　同上

十虞

虞　隅　愚　芻

無　同上　毋　巫

于　同上　吁　訏　瞿

儒　同上　鬚　須　誅

珠　殳　逾　驅

同上　朱　珠　扶　夫

敷　孚　膚　盂　同上

駒　鳧

十一模

摸　謨　胡　壺　同上

乎　徒　同上　圖　塗

奴　吾　梧　吳

盧　同上　狐　觚

烏　都　同上　麤

十二齊

齊　黎　同上　妻

同上　妻　氐　隄　題

蹄　奚　傒　兮

雞　稽　笄　翳　西

同上　棲　恓　躋　隮

鼜　迷　泥　同上　谿

攜

十三佳

佳 柴 媧

十四皆

皆 階 諧 乖 懷
同上 差 同上 齋 淮
上同

十五灰

灰 隧 蛕 烣 詼
悝 魁 隗 椳 颹

煨 傀 同上 瑰
槶 回 佪 洄 蛕
槐 瓌 萑
䳏 嗺 嵬 䳏 隗
鎚 頧 堆 塠
搥 痽 㩌 誰
䭔 痽 媿 焞
蓷 推 轞 熣 㩗

獿 隤 頹 蹪
㿉 崔 催 陮
縲 雷 罍
瓃 畾 欙 鸓 摧
漼 衃 崔
杯 肧 坏 醅 坏
裴 陪 碚 頧 倍
俳 枚 同上

梅 莓 䍙 塺 脢
酶 㞁

十六咍

咍 欸 開
祴 侅 晐 毅 胲
孩 哀 埃 毒
台 臺 炱 苔
薹 鮐 來 棶 萊

崍 [illegible] 猍 [illegible]

偲 鰓 顋 猜 㦲

哉 栽

裁 才 材 財

上同

十七真

真 甄

桭 侲 縝 振

畛 申

嗔 身 伸

呻 紳 眒 瞋 宸

辰

臣 晨 殷 鷐

神

人 仁

辛 新 薪

親 津 蓁

秦 闉

賓 濱 頻

嚬 嬪 薲 獱

民 份

邠 玢 彬 攽

貧 珉 岷

閩 旻 罠 敃 頣

同上 緡 痻 鍲 昀

閩 鶌 苠 珍

陳

塵 蔯 [illegible] 鄰 隣

麟 燐 璘

獜

銀 上同

十八諄

諄 肫

淳 蓴
春 鶉
𦎫 滑 捋 鴝 瞤
荀 詢 郇
欨 眴 昀 逡 踆
蹲 饒 遵
㑺 鵔 旬 巡 循
馴 絢 恂 栒 椿
樵 鶉 瑑 判

倫 輪 淪 綸 掄 蜦 侖
咽 因
禋 諲 氤 茵
堙 洇 湮 駰 䟴 翢
寅 夤 瞚 黃 昀 礥 旬
鈞 均 巾 墐
同上 穫 黔 靳 誾

嚚 信 垠 訢 齗 垠 鄞
蚐 筠 蜠 絹 囷 峮 菌 壼
麕 頵 咽 紉

十九臻

臻 榛 桌 莘 同上
侁 姺 駪 甡 屾 燊 詵 鮮

二十文

文

蚊 紋 聞
同上 閺 雯 氛 芬 雰 紛 忿
同上 翁 羒 棻 闅 分
饙 汾 棼 蕡 黂 焚 濆
轒 墳 積 賁 憤 肦 鶞
馩 雲 同上 云 芸
貟 妘 縜 沄 鄖 紜
耘 芸 蕢 韗 熅

氳 榲 輐 薰 熏 獯 曛

勳 醺 臐 葷

軍 君

羣 帬 帬

[illegible] 宭 [illegible]

二十一欣

欣 炘 昕 殷 慇 濦 斤

筋 勤 懃 芹 慬

同上 廑 齗 [illegible]

二十二元

元 源

原 沅 嫄 騵 黿 同上 [illegible] 豲 蚖

袁 爰 援 媛 園

垣 轅 [illegible] 洹

榬 湲 猿 楥 暄 諠

諼 萱 塤 狟

暄 鶢 鴛 冤 鵷 冤 [illegible] 鵷 [illegible] 蜿 怨 婉

[illegible] [illegible] [illegible] 浣

言 同上 言 攑 蹇

軒 搧 韃 揵

[illegible] 翻 璠 繙

番 轓 潘 蟠 反

藩 蕃 藩 藩 [illegible] 煩 蘩 袢 墦

膰 燔 [illegible] 樊 蘩 [illegible] [illegible]

[illegible] 鱕 [illegible] [illegible] 犍

二十三魂

魂 渾 緷 忶

[illegible] 捆 韗 輥 昆

同上 [illegible] 焜 [illegible] 蜫

[illegible] 鵾 [illegible] 惲

同上 [illegible] 混 賁 溫

昷 縕 昏

婚 閽惛 殙 睧

坤 髡 髖 豤 垠

奔賁 驞 鐼噴歕 盆湓 虋

門捫 璊 樠 虋

亹頵 孫 蓀蟀

豶 猻 村

尊 存 郁

敦 錞鐏 犉

噂墫 僔 墩 䵍 涒

暾乇 軘庉 豚 臀

肫 蔙 論

崘掄 掄侖

二十四痕

痕稂 根 吞

根 跟痕

二十五寒

寒 韓汗 翰 鶾

豻 鼾 塞 看刊 栞 干忏

跚珊 奸肝竿 玕鳱 删

前 安

餐 殘戔 盞 奴 刻

單 禪殫 丹萆匰鄲灘攤 嘆嘽攤

壇檀 彈 朕驙鷭 蟺闌

讕 欄 瀾 蘭

蘭 攔 斕 爛

難

二十六桓

桓 瓛 完 丸

峘 莞紈綄汍 萑

萑 鏖貆 寏 芄 芄

莧豲 歡 讙 驩 鷒

鄲 驩 雚 寬 髖

官倌 冠 觀 同上 涫

悺 棺 剜智 捥 豌蜿 岏忨

抏 刓蚖 豲 同上 螈

蟠 般 蕟

槃

鞶 縏 盤 磻 蟠

蹣瞞 漫 謾鬗 槾 澷樠 曼

饅 酸 縵槾 酸霰 狻攢 攢

穳 欑 同上 鄼 菆 躦 耑

端 同上 篅 湍端

貒 黼 鷻 團 敦慱

摶 漙 鷙蓴 瞖 槫

鱒鸞 鑾鑾 欒 同上 鑾 欒 孿 彎 變

二十七刪

刪訕 潸 闗 同上 癏 啗 彎 灣

還 環鐶 鋄 寰闤 澴鬟 睘

鬤 慧跧 悬 同上 菅 顏

頑 班 斑 頒般 犀

攀 販 販 蠻 鸞

二十八山

山 虢 孱 媥 虤

瑞 斓 闌 閒 燗 瞷 鷳

䦨 癇 慳 覸 羥 艱 菅

黫 烟 鰥 綸 湲 斷 㺹 葬

鰥

上平聲終

集篆古文韻海卷第二

下平聲

一先

先 同上 蹮 同上 褼

硄 姍 千阡 芊俗 扦 箋

鶼 濺湔 戔 檅 棧 瀸

鮎 鰱 箔 前邉 籩 編

邊 獲邊 蹁 鶣 鯿 緶

胼 骿 蠙 軿 駢 眠

瞑 顛 同上 巔 蹎

騏 滇 傎 癲 顛

田 天

同上 畋 坑佃 寘闐 鎮 軥

年 郁

蓮 零 贏 冷 彈 堅

同上 縊 肩 枅 豣

麗 阡 牽 岍 汧 鳽 賢 同上 弦 弦 舷 蚿

挻 礥 蜆 煙

同上 燕 燃 咽 妍 研 涓 鵑

稍 鵑 芮 鋗 譞 駽

嬽 淵 同上 弲 蠲

悁 削 肙 玄

同上 懸 同上 訶 弦 袄

僊 仙 鮮 遷

遷 鄱 𨻶 湔 稾

汏 錢 蝬 鱣 挺 燀 饘

旃 氈 鸇 擷 蟬

嬋 禪 僤 儃 孱

然 難 肰

邅 驙 鱣 梴 鋋 纏 躔

廛 瀍 連 漣 聯 甄 謰 嗎

翩 延 同上 同上 脠

埏　莚綖郔　焉　鄢嫣
蔫　愆　褰　攓　搴騫
攐　乾　虔駛
鞭　鯾鯿箯篇　偏　同上翩
扁便楩平論　綿　同上　傷
緣　宣　壹　揎
朘瑄　顛詮　詮　痊悛佺　駩絟荃荃竣
剝　鵮旋　璿　漩　睘

朘　鏇　璇　全
栓　泉　穿　川
專叀顓　甎篿　嫥　遄
篅　輇　橪船　暵　㯿
瑌　梗椽　傳　同上　孿
繖　蠻　孌沿　鉛　損
鳶蝝　緣　翾　儇　蠉
懁　獧悁娟　負

圓　眷　拳　棬　羉權拳鬈
猭　犈　顴　蠸　踡
娓蠢　夒　猭勬

三蕭

蕭　蕭　蠨　瀟　颾蠨
貂鵰　刁　琱彫凋　弴
鳭　貂　刀　彫
同上　鵰　鯛　鯛毴　舠

祧瓢斛　恌　挑　蓧　迢
跳　鼦佻　調　條　苕
蜩　鯈　鋚卣　匜　聊
同上　膋膫鷯　寮　僚　寥
同上　遼膠料　敹蓼撩膠漻鷯獠嶚
僥儌　蟯　敫　憿曉
嘵　瘵　么　恔　堯嶢僥
鄡　撓　梟

四宵

宵消 霄 痟 綃銷蛸 翛揱哨

魈 俏 蕭 䏤 懆

雜 焦 爂 蕉膲鐎 椒

鷦 萩 䌺 樵 譙燋

燋 瞧㷧 飆 同上杓慓 熛髟瞟

標 瘭 䯽 嘌

鏢 表 漂嫖 飄慓彯翲僄

遫 瞟 蟲 膘

歗 稾 鑣瀌 穮儦麃 藨

苗緢燒 沼 同上 同上鉊

招釗 盄 破 同上 佋饒

橈 蕘 超昭 朝 潮

鼂 朝 遙傜傜

繇䌛蘨 鰩 䚻 窯 謠

姚摇 軺䍃愮 瑤珧 陶 褕鷂

繇 䌛 䔄 鞠 邀葽紗

要喓 褄 鷂翹 莜

劭鴞 妖 祆夭 訞 囂枵歊囂

撟 蕎 熇 嗃 同上

趫 橇 憍 驕 同上

憍穚 嬌鷮 喬 橋 僑

五爻

爻 同上 茭蔌淆崤 酘誵 蔌

交蛟茭 同上鮫 郊 同上膠

嘐 較 駮 敲 骹

膠 磽 墝 烋 詨

同上 哮 髇 窙 灱

歊 獿嶢坳窅聱咬 嶅

皰 苞枹胞 抛泡苞庖 麃 咆跑鞄炮

匏 炮 茅 貓 犛

罞媌 蝥 梢 捎 鞘

稍　莦蛸　娋　譟　鈔

罺　䈾　巢　轈　巢漅

轈啁　嘲　同上鐃　呶　怓譊撓

向鵝　燃

六豪

豪　毫

號　嗥濠　嚎　諕　號

嗥　嗥蒿　薅蒿

高　咎　皐　櫜鼛膏

羔　篙　槹　悴　餻

翱　鏖　鏖　嫽　敖

同上翱　聱　熬　嗷獒　戲

鼇　鶩鰲　聱　嶅　朊

袍　毛　同上髦　旄毣駹芼　秏

髮　毵騷　搔　繅　同上溞

艘　颾　臊榛　慅　鄵

操遭　糟　同上曹　槽嶆

艚嘈漕　螬刀魛忉　裯舠　饕叨慆謟

絛　韜綢弢　滔洮　稻　艄

倏　挑　掏　曾

匋陶　翿　同上逃　咷桃　鞉濤酶鞠

鶲裪　綯　駒騊檮萄淘　翢

鍋　幬　勞簩　轑醪　螃

嘮　澇　牢醪　鉾　碆

嘐唧　佯　猱　猫猱臑怓　尻

栲　夲

七歌

歌　哥　菏　戕茄駉

珂軻　訶　呵　阿　疴

綱　婀　鈳　何　同上

河　荷苛㗎　莪哦娥　俄　山峩

鵝　蛾　睋　娑抄

傞 犧 同上 [illegible] 同上
蹉 髊 醝 鹺 瘥
鄌 睉 同上 嵯
嵳 艖 蹉 蓑 莎
梭 魦 多 同上 袳 佗
同上 詑 它 䞣 柁
駝 紽 陀 沱 同上
跎 迱 酡 驒 鼉

古文韻海卷二 九

狏 鞑 痑 鮀 駝 羅
蘿 灑 邏 攞 那
難 儺 戁 鸛 㰙

八戈

戈 過 緺 輠 渦 斛
鍋 瘑 䳗 窠 科 薖 棵
趓 枓 渦 踒 矮
和 同上 龢

盉 禾 脉 茉 訛
吪 囮 鈋 鈋 波 番 嶓 碆
陂 頗 披 婆 鄱 皤 繁
擊 摩 磨 同上 魔 磨
麽 饝 嚒 蠃 同上
虆 蠃 蠃 鑹 蠃
鞾 靴 痤 矬 誚 堉
挼 嵯 迦

古文韻海卷二 十

九麻

麻 蟆 䵦 葩 舥 巴 芭 豝 鈀
杷 琶 沙 同上 髿 紗
鯊 裟 䰖 同上 差
艖 樝 柤 抯 䖳
齇 皻 蘆 髽 槎 楂
苴 楇 秅 荼 涂 闍 拏
同上 谺 遐 霞 瑕 瘕

遐　騢　瑕　顯　鞎

呀　蚜 鰕 蝦　嘉　同上　加

家　同上 珈　葭 豭　麚　駕

椵　髿　痂　鴉 丫 啞　錏

牙　同上　齖芽　涯

枒衙　華　同上　驊

譁　鷨　芣　划　花

誇　夸　荂　姱　侉

佤　瓜　媧　騧 緺　腡

窊　窪　洼　蛙　哇 汙

奢 賒　畬　䣊　車　同上

嗟　罝　嫭　衺　同上 斜

鄃　蒢　遮　嗻　闍

蜍　鉈　蛇　觰　諸

瘵　吒 咜　邪　椰　釾

樧　蒢　枒　伙　伢

抲

十陽

陽　暘

楊 颺　羊　洋　瘍　鍚 徉

鴹　眻　鸉　眻　芳

妨　汸　方

匚　祊 肪　坊 汸　鴋

房　防　魴

仿　亡　忘　鋩

望　桒　襄 緗 纕 瓖　相　同上 廂 欀

蘘　葙　湘　驤　鏘

同上　蹌　蹡 斨　牄　瑲

蒼　將　漿

蔣 螿　牂 詳　祥 庠　翔

牆　檣　戕 嬙　薔

商　傷 殤　觴

鬺　湯　暘　禓　饟
瘍　昌　閶
倡　菖　裮　章彰　璋鄣
漳　墇樟　嫜　麞
常裳　嘗　同上　償　鋿鶬　穰
禳　攘鄉　瀼勷　瓖　霜
驦　鷞　創　同上
莊　裝　牀　霖

古文韻海卷二　十三

張　粻餦
長　場　腸萇　良
同上　梁
粱　量　糧　涼
颺　香　鄉膷
羌　同上　蜣　薑　畺
同上　姜　同上　僵　同上
韁橿　橿　彊　同上　央

殃　鉠秧　決　鴦
王　匡　筐　邼洭　恇　劻
眶　迋　狂　鵟　軖

十一唐

唐　瑭螗　塘　餹
棠　堂　同上　碭　鄌
闛　糖鶶　溏　螳
當襠　璫　簹鐺　蟷　湯鐺　蕩

古文韻海卷二　十四

盪　踼　簜　郎　廊浪
琅稂狼莨　榔蜋　筤稂　囊　同上
蠰　曩　滂　磅
旁房　傍　彷　膀　榜　舫
茫　硭　蘉忙　晄　慌肓
桑　喪　倉　同上
蒼　滄鶬　臧　贓　戕
同上　藏　康　糠

廠　康　慷　岡
同上　剛　綱鋼　棡　亢
蚢　迒吭　旟　卬昂　駠棡　抗行　絎
椚　汪　尪　荒　糠
肓　慌　巟　𥆧　怳
綂　駫　帝　光
洸　僙　垙　輄
黃　璜潢　黃　遑　皇

同上　湟　凰　艎　堭蝗　餭
同上　騜望　煌隍徨郋　篁惶
癀　鍠　䅣　韹獚　鰉
䐵　趪　幫　䣊　㹩
徍

十二庚

庚　賡　秔
羹　同上　鶊　阬　盲

蝱　莔　莔　鑅
亨　同上　行　衡　同上
蘅桁　横黌　環　撗喤諻　䎐
晃　肱　僙　祊　騯
勆　搒　蟛　磅　洴
澎　絣　彭　輣跰　棚榜
䡙　瞠　棖窺蹚　牚　棖
盯獰　鬡　嗀　兵

同上　平　枰評
苹　明　盟
同上　鳴鵬　笙　甥牲
猩　鼪　鎗槍　凔
京　荊　同上　驚　麠
卿　勍　黥
擎　鯨　檠　迎　英韺瑛霙
楧鍈　榮　兄　衡　琤

十三耕

耕　鏗誙　硜牼　揁　摼　䁍

韾鴴　硍　侀　嬰　罃鸎

罌鸚　英　譻莖　訮　鈃　紘

同上　閎　翃　竑　鈜

嵘　峵　耾　紭　硡泓　汯

鍧　轟　渹　訇　颵

揈　詾　營　崝　琤錚

爭　同上　精　丁玎　釘

橙　揨　敿　儜　薴

絣　伻綳怦抨　閛　軯　砰

同上　拼　硼棚　甍瓱

十四清

清　同上　圊　精菁　晶

蜻晴　瀞錫　貞楨征　情　同上

晴　并　觲　騂　垶

鯖鶄鉦　名洺　聲　同上

征　同上　禎　征

成　城　誠　盛埕

赬　竀蟶　呈程珵　令　同上

盈　同上　楹　嬴瀛　籯

嬴　同上　嬴　縕　輕䡖　嬰

同上　纓　攖　營塋　榮瑩

濙　傾　瓊　煢

惸　煢　嬛　同上　甇

駉　縈　勁　甹

十五青

青鯖鶄蜻菁　圊　經

同上涇鵛巠俓郢　形　刑　同上

邢　同上鉶型陘　鈃　硎

娙　庭　廷

停莛　亭　同上　娗　莛

霆蜓 侹 艇 錞渟 葶 訂
定 丁 同上 玎釘 仃
馨 庨 星 同上 腥
鮏 鉎 狌 醒 莛 娗 傳 甹 儚
苹 靈
同上 泠 舲 齡 櫺 图 鴒 鈴 伶
霝 醽 苓 欞 酃 䰱
令 軨 翎 玲 零 鈴 闌

古文韻海卷二　十九

鶄 同上 聆 玲 獵 伶
櫺 櫺 鉼 屏 頩 萍
軿 荓 骿 洴 缾 冥
覭 螟 蓂 溟 銘 同上 鄍
䁾 聽 同上 廳 經
綎 鞓 珵 汀
寧 同上 鸋 郔
侒 同上 熒 螢 滎 嵤 泂

扃 坰 駉 同上
駫 絅 嫈

十六蒸

蒸 同上 烝 脀
承 丞 庰 郕 懲 澄 同上 憕
徵 同上 橙 陵 同上 淩
淩 綾 鯪 輘 夌 倰 庱 蝿
同上 膺 應 同上 鷹

古文韻海卷二　二十

蠅 譍 聽 凝 譍 興
同上 嬹 繩 同上 譝
乘 溗 騬 同上
䕶 塍 升
昇 陞 勝 同上 拼
稱 偁 同上
仍 同上 陾 扔 扔 耳
冰 掤 掤 兢 同上

矜䉶 户 凭 同上 憑淜
馮 淜 繒 繒鄫 增 橧
甑 徵 同上 殑

十七登

登 㽅
燈 簦 鐙 同上 廿 登
鼟 騰 滕縢螣 賸
藤 驣 儯 縢 籘

古文韻海卷二 二十一

能 而 棱稜崚稜僧鬙
增憎 曾矰罾 翻譄層曾嶒
贈 熷 橧
朋鵬倗 掤 鬅 薨 蕄
夢 同上 懜 同上甿鄳媒
揯 緪 鼟 肱 同上
鞃軦 鞃 崩 宏 同上
同上 閟 瞢 翽

恒恨姮竑 泓

十八尤

尤䏿 疣 郵 訧
蚘 休 同上 貅
同上 庥 髹 咻鵂偶休
丘 蚯 卯 龜 鳩
朹 同上 捄 求
同上 裘 同上 毬 觩

古文韻海卷十一 三十二

同上莍逑梂 球 銶 絿賕觓
仇 厹 艽 頄 馗
扏俅 蛷 釚 牛芊 憂
優 瀀 櫌 耰 麀
同上丝 呦 燠鄾 由 同上油
攸 同上 鋚悠 卣 同上
斿 游 同上 蝣 猶
同上 繇 同上 猷 同上輶

猶　廇　楢　同上　滺
蘇　卣　璲　蚰　囚
岫　同上宄　鮋　邮　柚
輈　同上　侜同上　鵃　盩
譸詶　咮　抽　椆穋　儔躊
疇　同上　懤　籌　翿
裯稠　紬　篘綢　鶴火　燾　敦
留騮　瘤　遛　鶹　流　流

同上　旒　瞜　鏐　飂
劉　同上　瀏　翏　瑠
同上鎦　硫　膢　駵　鰡㽌
鎏罶脩　修　羞　秋鍬
鶖　楸　鰍　湫取　遒
瞅啾湫　揫　鶖　遒　莤
蝤　偤囚　泅　收　同上
莜　犨　丩　讎　同上

酬　詶　魗
同輈　州
同上賙　舟　同上洲郮
州　柔䐓　瑈　蹂　葇
揉　濡　猱　鞣　鄠
鍒　搜　同上　廋蒐　鱐
颼　餿　溲　瘦犙　叜鄋聊
同上　鞫鯫　菆　掫　緅搊

蒐愁鵃紑　不　浮　罦　罘
涪　烰　桴枹　芣蜉　棓
錇涪　泭　孚鄜　捊　彪
彪　滮　繆

十九侯

侯　同上　鍭猴　翭
餱　喉篌　逅郈謳　漚　歐
甌　摳　曉嘔區　紆　彄

摳 區 滱嫗齵鉤軥髃
講、 篝溝構 篝 緱
鷗 購 媾 裒 同上
抔 掊 棓 糯 獳
兜 謀 牟 侔眸 踳
蝥 瞀 蛑 桙
母鰵 矛 同上 鍪 同上
務 鶩 雺 蟊 同上

漱 鏤 嗾 諏 鏉
敢掫鯫 兜 同上 劉 偷媮
鍮 頭 同上骰牏逾 窬
婁 同上 同上膢 寠
樓 同上慺摟瞜膢 髏 藪迷

二十幽

幽 呦 同上 蚪 斛
抖騶鼺 斗 勼

二十一侵

侵駸綅 祲梫 浸 同上 心
同上祲 尋 同上 同上潯 燖
鬵 灊 鐔 深葠
突 斟 針 同上 箴
瑊 諶堪湛愖 瘖 任
同上 鵀 紝妊 森
參 槮 蔘 兂 同上

瑨 岑 涔 梣 碪
椹 同上琛賝郴綝 沈冘冗
芃 顉 林 同上琳霖淋
臨 瀶 滛 同上
媱 鷣蟫 㶣
音瘖 喑闇 陰 同上
霠 同上 吟 崟
同上 欽 廞 欽 衾

同上　欽　今
同上　給　襟　衿
禁　金　同上
同上　埜　同上
琴　同上　襟黔　肣　芩
禽　檎　鵮　愔馨

二十二覃

覃譚　潭　驔　藫曇

壜　蕁貪　探　同上　歆
眈　同上　湛　同上　甔
婪嵐　嵐　壈　南
男　柟　聃髧　鬖　參
三驂　摻傪　蠶蠺　龕堪　戡勘　弇
同上　含　函　涵鋡　顄　陷
諳　同上　鵮　婄　庵
暗　盦　同上　讇

二十三談

談郯　惔錟痰餤　澹　倓
聃　同上　儋　擔　藍　籃
同上　檻　儖　㜮　同上
三　同上　毵鏨　蚶　憨
甘柑　泔　磨
酣　同上　粘　邯

二十四鹽

鹽　簷　檐　閻
懕　猒　同上　阽　銛
韱　儉　同上　霰
思　僉韱　殲瀸　夬　漸　蘄
熸　湛　燖　潛　同上　鬵
襜　譫　毹　沾　同上　痁苫
憺　詹　瞻蟾　鐔
同上　冉　髯　同上　霑　沾　覘　廉

同上鐮 薕 磏

同上 匳 帘 炎 淹 惔鵮

菴 闇 崦 同上 唵

箝鉗 鈐 鍼 拑黚 鑯

怜 砭 楓 棎 掺

二十五添

添 甜 恬 同上胋鮎拈黏

謙 同上戩 兼縑

古文韻海卷二 二九

鶼鰜蒹 嫌 慊

二十六嚴

嚴 巖 同上 巖礆

杴熑 奄醃劒詽户

二十七咸

咸誠 鹹 函 椷

緘 瑊椷 喦 碞 巉

攕 揻揞 欿 娍譧 嵁

饞詀 諵

二十八銜

銜 嗛 監儳劍 巖 嚴

嵌 衫 杉 縿 彡

芟 讝

二十九凡

凡 同上 盌 帆 颿渢

氾邧 艞 芝

古文韻海卷二 三十

下平聲終

嘉慶御覽之寶

集篆古文韻海卷第三

上聲

董

董　動

眮　詷　挏　筩

蘢　儱　琫　菶

玤　紺　蠓　矇　懵

幪　駷　敵　蔥　總

同上　偬　揔　浚　蓯

蓯　轗　蟌　鬆愡　頊噴

懶　孔　蓊滃

塕　勜　䐥　齆　桶

敵

二　腫

腫　種　踵　尰　宂

茸　髶　同上　亦同

巄　傱　軵　同上　迒

竦　同上　悚　同上　縱

聳　慫　摉　縙　愡

捧　同上　奉　覂

壟　冢　寵　同　重

同上　鮦　襱　同上　隴

壟　勇　同上　涌　踴

甬　埇　溶　桶　俑

悀　同上　嗈　筩　餶

慂　兇　洶　詾

恐　拱　拳　鞏　栱

珙　廾　同上　巩　同上

覂　擁　同上　湩

鶎

三　講

講　構　溝　覯　棒

同上 蚌 秸 悻

項 鉆 揁 同上 [illegible]

同上

四紙

紙 同上 只 同上 咫

抵砥 枳軹疷 恀 弛 同上

豕 同上阤 鉹 胣 [illegible]

侈 同上哆 姼[illegible]

鉹 [illegible] 誃謻 移

是 諟

氏 同上[illegible] [illegible]

同上 尒 爾 纚屣灑

躧 釃 同上[illegible] 蓰敊 揣

同上 捶 箠 [illegible] [illegible]

菙 惢 同上 徙

同上 璽 仳

扯 此

紫 訾 呰批 跐

[illegible] 髓 同上 瀡 [illegible]

[illegible] [illegible] 同上 [illegible]

同上[illegible] [illegible] [illegible] 旎 伱

施[illegible] 匜 企

同上 跬 同上頍 跬 觭 趌 踦

剞 伎 妓 倚

[illegible] 輢 蟻 齮

[illegible] 轙 義 委 骫

委 硊 爲 [illegible] 遠 毀

[illegible] 毀 同上 諲

詭 同上 傀[illegible] 俍 跪

[illegible] 舭 峗 俾 鞞

蓨 俚 同上 庀 同上

仳 疕 諀 訛 [illegible]

弭　敉　同上　瀰　芈
彌　彼　罷披
被　靡　同上　靡　躧　寐頠　姽
雖　隋　芛　觽　鑴
揣　蓰　䑨

五旨

旨　指　底
氐　矢　同上

鹵　視　同上　水惢
死　同上姊秭　兕　同上
履柅　詭　壘　同上　藟
笑　蘬鴝　雉　同上溦蕥　埃
讄櫐讄誄　蜼　纝　蘽灅
纂唯遺　睢　鮪　揹　癸
同上湀　揆几杌　虒氿　痏
跽消鮪湑　歸　軌　簋氿晷

宄　啓　鄙　啚　瘤
美　同上　比　妣秕
祉酏否　圮痞嚭秠㕻　訛進　蘇歆

六止

止時　沚趾址芷　菑　
始　市　同上　亦同
恃　上同　詩　耳　上同駬
珥緝滓第　胏　上同　葦
史　使駛　狄　士

上同仕柹　汜俟　娭　上同騃涘
枲　葸　葬　猥
子
上同仔　耔
梓杼　鋅　似　上同
已　祀　上同
似　粕　泪　上同鉊微

恥 上同 祉 上同 時
詩 庤偫 時 里
理俚 裏 鯉悝 李
以
苡 矣 上同 芣
喜 起 上同 屺
上同 杞 上同 異
芑 已 紀
上同 擬 薿儗 剢

古文韻海卷三 七

七尾

尾 亹 斐
朏 誹 悱斐菲篚棐
蜚 匪 上同 腓 櫝
豨唏 俙 蘱 豈䒗 蟣
幾機扆依扆 偯 上同 顗
韙 上同 偉 韡 葦煒 暐瑋

歲 嵬 虫 虺 娓
卉 䦉 上同 浘 鬼
上同 磈

八語

語 上同 齬圄圉 藇 上同
敔 鋙 禦衙 鄦 上同
去 上同 昛 蠱
舉 上同 莒 筥 上同

古文韻海卷三 八

弆 拒 舁 虡 上同 拒
巨 上同 距 苣鉅 駏詎 蚷
秬 簴 秬 膂
諝稰 湑苴 疽 叙 序 上同 緒
漵嶼 鱮 芧 藇 屛
上同 沮咀 所
上同 糈 諝
岨 阻詛
俎 齟 楚 上同 嘘濋 齭

媞 暑 上同 鼠 黍癙

蠩 鬻陼 杵

處 墅紓 抒汝 竚 女

上同 敉 貯 楮 宁 竚

楮 褚 佇 羜 盬 苧

紵 上同 杼 泞 貯

呂 膂 旅

上同 侶 穭 簇

上同 祣 儢 [illegible]

女 與 趣

楰 仔 惥 上同 鉏

骬

九麌

虞 俁 傴嘔嫗詡 㖃昫

咻膴 呴栩煦姁 齲 竘

矩 上同枸郁柜 瞩 摀窶

萋 羽 禹 上同

雨 宇瑀 撫弣 拊

結 趨鬐 甫 上同 府

上同 俯 上同 腑脯 黼

簠 上同

斧莆 俌

㕮 父 上同

輔 上同 鬴 上同 腐補 滏

鴇痡 父

上同 武

上同 舞 上同 侮膴

廡 嫵 碔 䟼 甒

鵡鵐 憮 舞 潕 取

聚 數藪 主

上同 麈 枓 宔 豎

裋 尌 乳 上同 醹柱

笙 駐 縷 僂嶁褸漊拄黗

庚 上同 斞 上同 愈

上同庚癒 窳貐 庾 緰

縷

十姥

姥 姆畚 鉾 普溥 浦 補

譜 圃 薄部 簿

祖 上同 珇 組 苴

粗 覷 上同 堵 睹

土 吐稌 杜 劇莽

魯 上同 虜

上同 鹵 上同 嚕 櫓

虜 鐪 菩怒 弩砮 虎

上同

琥 滸 滸 鄔 古

上同 沽 鼓

瞽 上同 胋估 賈盬蠱罟

羖夃 兕 上同 苦 戶

上同 怙祜 岵 盬酤 扈鄠 楛

雇 上同 嫭 芐 塢

鄔 鴮桍 五伍 午

上同 旿 仵

戲

十一薺

鮆 擠 霽洗泚 洒泚 縰 濟

上同 泲 米 上同 眯

洣 寐濔 陛梐

髀 坻邸 氐抵 底

詆 觝 抵弤 軧 抵

體 上同 涕騠 緹 梯 弟

上同 娣 悌 遞 甋

禮醴 鱧澧 蠡蠡

劉 檻 禰泥 禰 上同

䰄 闒 鞿

啟 稽

綮棨 偯 軫 傒 上同

誒 奚挽 倪 俾 敉

庀 鷄

十二蟹

蟹 解 上同 澥 獬 擺

灑 上同 躧 纚 纚 鷹

上同 豸 買 鶅 鬌 枴

上同 窐鷉 嬭 上同 銙

駭絯 骸鍇 楷 上同 雉

十三駭

上同 騃 懶 懈 茇

十四賄

賄 悔 潤 倠瘣匯佪

輠 蒐 蒐猥 䰻猥 嵔 碨

溾 瘣隗 蒐頗 磈 琲 痱

浼 每痗 漼璀 睢 䊃 鬌

罪 上同 嶵 鐓 隊憝

遺隤 磊 櫑 磊 𥧑

上同 傫 郲 壘讄 儡

餧 鯘矮 磈 蒐 佳

嘷 骽

十五海

海 上同 醢 醓

愷 上同 闓 塏鎧 改

上同 胲

亥 上同 劾 侅駭

欸 䐶 上同 倍 上同

茝 采髼 彩棌 寀綵

宰 上同 縡 載 上同 睟

在

上同 莲 侍 逮 上同

殆怠駘騃紿 蒠

乃

上同 䰙 佸 鑴

十六軫

軫 上同 診 疹 眕

鬒 賑 畛 稹 裖 縝

眕 哂 矧 上同 蜃

腎 脤 忍 牝 上同

臏 盡 濜

引 上同 叉 上同

紖 釼 矧 濆 隕 殞 湞 賓 縝 嶙 轔

嶙 疢 輾 趁 紖 朕 杒

泯 脗 黽 愍 上同

敏 上同 閔 上同

憫 敃 潤 閔 湣 車

緊 上同 胗 窘 菌

菌 蜠 僒 箬 稇

十七準

準 埻 純 淳 埻 蠢 上同 惷

胸 舛 上同 盾 楯 騁 踳 筍

上同 蕈 上同 隼 蠕

匙 尸 上同 允 上同

犹 鈗 掄 埨 斷

賰 賰

十八吻

吻 上同 抆 脗 刎

汶 粉 扮 憤 黺 坋

濆 鐨 弅 饋 憤 忿 愹 蘊

韞 縕 愠 輓 醞

十九隱

隱 乚 轗

磤 穩 㥯 癮 嶾 濦

卺

槿 近 齗

近 听 婉 琬 宛 宛 畹 苑 踠 鞔

鞔 腕 遠 阮

咺 烜 諼 覎 綣 蘿

棬

古文韻海卷三 十七

蹇 謇 建 楗 上同 鍵 𡾊

偃 於

鄢 堰 鼴

阪 皈

畚 飯 笲

緷 焜 鯤

菀 捆 齫 貇

衮 緄 蓘 碮 錕 鯀 櫜 滚 稛

才 領 穩 㥷 本 上同 笨

畚 楍 畚

懣 損 脜

忖 扐 扐 撙 噂 尊

鱒 壿 稕 吨 沌 存 盾 遯

上同 囤 豚 腫

二十二很

懇 墾 齦 狠 頣

古文韻海卷三 十八

二十三旱

旱 旱 悍 罕 暵 熯 暵

灘 佩 衎 苛 上同

稈 衎 擀 犴 杅

散 上同 饊 糤

上同 讚 亶 上同 上同 瘅

笪 悍 坦 靼 但 袒

上同 誕 上同 觛 潬 蛋 膻

嫻瀾 欄 讕

二十四緩

緩 上同 上同 梡

鰀 上同 盌 上同 睆款

梡窾 顆 管 上同輨 館

盥痯 幹 悺 脘 滿

懣 滿伴 並 算匴 簒 纂

纘酇 攢篹 焞 積 短 上同

斷 暖 斷 緞 夘

上同 煖 上同 渜 板

鄹 選

二十五潸

潸 撰 上同 饌 上同

赧戁 皖僩 睅 莞皖

綰 版 上同 昄 轡

二十六產

產 蕯嵼滻 剗鏟 残

上同 棧 輚僝殘 僝

嶘 醆 棧 限 闇

上同 簡 柬 上同 暕 上同

橌 眼 上同

二十七銑

銑 上同 跣 毨 上同 洒

洗 蘚 筅 姺扁 緶

萹 檽 上同 扁辮牑 扁

緬丏 眄 典

腆 琠 上同 覗淟 悏

跈 塡 町 上同

殄 蜓 上同 泠涊 撚 跰

上同 顯 蜆

剫 拎 繭 繭 豣

搌 栞栞 上同 莧 峴俔 睍

晛犬　畎　上同　狷　羂
上同　詃泫鉉琄　鞙　軥　韆
蝘　㬳　晏　上同

二十八獮

獮　鮮　癬　燹　蘚　蘚
禒　癬　淺　翦　俴
戩　謭　揃　踐　上同　俴
餞　諓　俴　㨦　選　上同

巽　雋　吮　雋　闡　彈　繟　嘽
僤　禪　皻　膻　饘　膻
善　上同　膳　墠　鱓
單　鄲　儃　墡
墠　壇　㷸　反　燃　外
喘　舛　端　揣　剸　月　腨　輭
上同　於　硬　愞　耎
緛

莫　撰　譔　僎　巽　褊　緬
勔　沔　湎　涵　黽
愐　辡　辯　鴘
免　勉　俛　冕　娩
菀　展　輾　衰　蹍　蕆　延
輦　揵　蹇　䟴
碾　轉　篆　瑑　縳
臠　孌　上同　孿

遣　譴　犍　演　蠉　衍　戩　沇
兗　上同　㕣　阭　抏
蜎　蹇　謇　上同　搴
褰　瓁　件　巘　獻　上同　瓛
齴　嫙　圈　卷　菤　奪　臇　臑
䏝　鄟　輲　上同　漙
㔮　辮　邅　上同

二十九篠

篠 謏 鰷 上同 鳥
上同 帊 蔦 𠃊 嶋島
窕挑 掉嬥 誂 碠 了 上同 瞭
繚 蓼 獠轑 釕 繚
蓼 僚 褭嫋 嬲
嬈皛 淐 芍 上同 的
杳 窈 上同 窔窅
僂 上同 騕 上同 獿

腰 曉皎 皦璬 憿 噭

三十小

小 悄
愀 剿勦 燋 橾 䏴
莜 漅 少沼 趙 上同
紹 上同 袑佋 擾 上同 嬈繞
遶擾 趙 上同 肇 上同
兆 旐駣 絩 朓

垗 掏 溔 舀 上同
歊夭 麃殀 蹻 撟蟜 敽 褾
上同 摽嘌縹 瞟醥 膘 顠摽 慓
藁眇 渺淼 藐 杪篎 杪 紗 表
上同 皫殍 藨 上同

三十一巧

巧 上同 佼 狡
上同 攪 上同 絞茭 璗

敹 痄
飽 鮑 鞄 上同
卯 昴 上同 茆 媌稍 㪣
爪 上同 瑵 藻橈 撓
樔 爒 上同 謅
拗 窅 上同 獟 上同
齩 上同 澩 筊 上同
筊 嗃

三十二皓

皓　昊　上同

顥　鎬　灝滈　鄗　鰝上同

鄗　上同

好　上同

考　槀　上同　蒿

栲　攷　祰　䇭　燺杲　暠

縞　夰　槀　上同　苛媪　夭襖

古文韻海卷三　二十五

䨟　鴇　抱　上同

埽燥　嫂謏　草　上同　懆　早

上同　澡　上同　璪　繰繅　藻

棗　蚤　上同　繰　早

造　上同　倒　擣

上同　禱　上同　島　上同

裯　幬擣　壽　討

寶　王

葆　上同　鴇　保

上同　緥　堢褓　窠　䌸

道　稻

上同　駣　老栳　轑橑

潦　橑　惱

上同　腦　上同　瑙　猶

謟　瘤　熖　耄　上同

古文韻海卷三　二十六

三十三哿

哿　舸　菏　荷　河

可　軻　珂　我

上同　峨　䃢　䮨　俄

哦　鬌　荷　苛

左　大　縒　哆　癉　彈　拕

上同　柁　上同　拕　陀

稜 㛹裒 娜難 㑅 砢邏 䢰
儸娑 瑳 歌 䶑 閜
娿

三十四果

果 上同 裹 蜾 上同
輠 鍋 剿顆 堁 果 棵
廪 火
禍 上同 夥 輠 上同

婐 跛播 蔽 亹 頗
叵 駊 之 鎖 瑣 趙
碩 瑣 鰈 坐 朵埵
揣 峌 揣 鬌 捶 妥
上同 㛂 鰖 橢 媠 墮
上同 惰 隋 朶
鰖 贏 上同 蠡
磨 㦗 上同 脞 㛂 姫忍

三十五馬

馬 寫 上同 瀉
檛 魯
且 把 捨 上同
䅎 者 上同 緒 社
上同 鞞 哆 迓 槐 野
上同 也 上同 治蠱 湮

灺 鮓 上同 苴 詐
槎 上同 灑 之
下 夏
上同 厦 惹 喏 賈 斝
假瑕 檟 假椵 啞
雅 庌 倮 踝 輠 瓬 㼚 㾼
稞 講 跨 㤟 骻 髂 羊 銙
上同 寡

咼 上同 杲 上同 反

上同 姐 酸 姒

髟 綉 嘲

三十六養

養 上同 懩 痒漾 蛘

象 上同 像

樣漾 橡 蟓 奬蔣 獎 兩

上同 裲

魎 緉 裲 鞅 泱 訣 鞅 抰 彊 滰

昜 弜 仰 上同

芇 想 蓁 甎 㩉

剙 掌 仉

爽 上同 漺 騻 塽 鷞 敞 氅 倘 惝 敞

響 上同 饗

嚮 上同

蠁 襁 文 杖 仗 䄐

壤 穰 攘 驤 嚷 瀼 賞 饟 餉

髣 昉 紡 鶭

罔 上同 誷

魍 上同 輞 惘 昉 倣

上同 瓬 枉 往

垶 怳 搶 長

上同 漲 上 上同 廷

往 髣

三十七蕩

蕩 盪 盪 蕩 碭 潒 像

上同 嵣 盪 儻 上同 讜

鄣 儻 帑 曭 曭 倘 曩 瀼 榜

䟫 莽 莽 蟒 嶂 蟒 顙 磉

䫙 蒼 駔 髒 奘 沆 吭 頏 骯 伉 坱 泱 咉

醠 盎 映 吭 骯 亢 駠

晃 幌 榥 滉 上同 兟

晄 慌 上同 [illegible]

爌朧 慶壙 朗 昞 榔

廣

三十八梗

梗鞕 哽 綆 上同 骾 峺挭

駛 杏 荇 上同 卝

礦 上同 麷懭 獷

猛 艋 蜢 麠冷 瑒 丙

上同 炳怲 郱蛃 柄 秉

上同 寎 皿 上同 省

上同 青 瘠 影 璟

鐛 景 上同 境 儆警

檄 永 王印文

上同

亦同 憬璟 囧

䀹 炅 泂

三十九耿

耿 幸 上同 倖

黽 並 鮩 迸

四十靜

靜 靖清

穽靚 彰 上同 睜

䈁 省渻 㥉 請 上同

井整 逞 騁 上同

領衿 頸 郢 梬 潁穎

頃 檾 上同 褧 廎

䴵餅 屏 辟屏 屏 癭廮

四十一迥

迥 冋 泂炯 藑焭 廻詗

苘 絅 濙 上同 瑩

悻 上同 脛涬涬 謦綮剄鞞 並 蜱

茗 酩 頂

鼎　酊　濎　梃挺
艇霆訂　脡侹　梃渟　頲　蜓　炅
珽　侱　頲　町　鄭
四十二拯
拯　聳慶　陵姺　洗
四十三等
等　上同　肯　上同　倗　䉢
四十四有

有　右　上同
友　上同
盇　朽　糗
九　久玖
韭　臼　上同　舅　咎
上同　臯處　俗　舃　柩慢
怮　酉　上同　牖
卣　上同　槱

琇莠　誘　羑
上同　歔　逌　缶　否
不　炰　上同　妚　芣
婦　上同　負　上同
蝜　滫　䋛　謏　酒
阜偩　餢　駻
上同　首
上同　手　守

上同　帚歸　帰　醜
受
上同　壽　鄯　郰
蹂　揉輮　葇　腬　糅
溲酸　獀瘦　掫　搊　肘　疛
上同　丑　杻
上同　紂荮　荮　柳　上同
留　上同　瀏熮　颲茆　懰　蔞

上同 紐忸 鈕狃 杻 莥 粈 杻

[illegible]

四十五厚

厚 后郈

詬 上同 吼 上同 㺏

蚼 口 叩釦 扣 耇

上同 均 苟 枸 笱 狗

上同 垢 上同 毆

古文韻海卷三 三十五

歐 掘 偶耦 腢 蕅 棓

掊剖 蔀 鵏 蔀部 棓

上同 部瓿 腤 母

上同 拇 畆 鴟

某 牡 棻 罘 叟瞍 藪

籔 嗾 𦽹 瞍 駷 趨 取

上同 鯫 走 上同

斗 蚪 阧 𪓐 䟫 鴩 鯫

鋀 揄 塿 嶁 𩑶 𧽸 蔞 漊 謱 樓

敎 上同 豵

四十六黝

黝 䵠 怮 怮 泑 㓜 蚴 糾

赳 料 蟉

四十七寑

寑 上同 鋟 寢 梫 寢

審 諗 沈 上同 瞫 淰

古文韻海卷三 三十六

檣 槮 嬸 瀋 枕

甚 上同 葚 飪

上同 稔 恁 荏 荏 稔 痒 潹 墋

稟 品 踸

朕 上同 栚

㐭 懍 凜 痳 錦 㵉

飲 寖 頷 黔

抌 戡 鉗 廞 趛

頷　傑

四十八感

感　上同 䃭　灝　顑　鹹 鹹 禫

髮俠黕窞　萏　上同 醰 嘾　覘

霮　頷 撼 憾　頷　㴸　弓 歁

荅　函　坎　惂　輡

顑　䗋　晻 揞 䪜　黯　晻

揜 頷　嵁　㨆 㯠 㥠 㣓　憯 黲　㜗

歞　揝　黔　窞　揝 黕 紞 眈

抌　贑　蔵　縛　監 噞 壈 轗

惉　婪　腩　縿

四十九敢

敢

覽　攬　欖　闞

槩　喊　䫲　上同 槩 膳

鷂　啖　上同　澹

淡　㥕　倓　菼

緂 毯

五十剡

口　剡　覃 餤　灩　上同

扊　㢓　上同　檿　黶

漸　蘄　閃　上同 覢　陜

㳮　睞　淰 剡　冉　染 苒 姌

㛤　謟　上同 歛 獫 澰　䕭

險　譣 玁 獫 檢　撿 黔　儉

上同 奄 㚋　奄　上同　掩

渰　晻 唵 闇　弇　揜　惓

䲓 隒 噞 巘　貶　上同 颭　嶦　頷

醶

五十一忝

忝　上同　㮇　上同　黕 玷 簟

店 淰　歁 慊 嗛 驗　癹

五十二广

[seal] 广 [seal] 儼 [seal] 上同 埯

五十三豏

[seal] 喊 闞 減 [seal] 𪒠 黯 [seal] 黶 摻 掔 摻 斬 [seal] 湛

[seal] 上同 [seal] 嶄 [seal] 槏 [seal] 惐 [seal] 跉

[seal] 罨

五十四檻

[seal] 檻 [seal] 上同 [seal] 艦 轞 [seal] 濫 [seal] 橥

古文韻海卷三 三十九

[seal] 檻 黤 嵌

五十五范

[seal] 范 蓲 笵 軓 [seal] 犯 [seal] 上同 [seal] 範

[seal] 錽

上聲終

集篆古文韻海卷第四

去聲

一送

總 稯偬 緵 叜凍 凍湩

戇 痛 洞 上同

衕詷 慟恫 贛 弄 弄哢

悙 穽 上同 哄 閧

涳 䂬控 鞚椌 空 貢 贛

灨 罋瓨 [illegible] 䕨 上同

濛 懞 霿 [illegible]

夢 瞢 夢 瞐

諷 鳳

眾 中 衷

仲䈺 蚛

戇 [illegible] [illegible] 槰

二宋

宋 上同 綜 充

三用

用

盅 俸

縫封 封 縱 上同 頌誦

訟 上同

從 種 踵 惷

上同 重 上同 緟

恐 上同 供 共 雍

上同 灉 壅 雝 擁

䩘 上同 潼 矓 蹱

四絳

絳 上同 降 上同 洚虹

巷 䢽 幢 撞 憧

淙 潨 漴 眷

五寘

寘 上同 忮 觶 上同

翅 啻 施 鍦 椸

豉 上同 惴 錘 唾 吹

[illegible] 瑞 倕 睡 錐 [illegible]

縋 灑 曬 釃 第 賜 上同

澌 凘 杫 上同 斯 刺

上同 莿 庛 載

誎 積 積 漬 骴

上同 眥 智 上同

上同 詈 離 覼 上同

縋 錘 硾 磓 槌

甀 膇 累 上同 縲

諉 諈 㥨 易

上同 貤 杝 [illegible] 椸

娷 企 上同 蚑

[illegible] 縊 謚 恚 娃 慧 缺 戲

上同 寄 上同 芰 上同

騎 義 上同

誼 上同 為 餧

上同 僞 譬 臂 嬖

避 上同 賁 詖 陂 跛 藣

被 髲 皷 裝 旇

輢 郊 帔 髓 棲

隋 諈 鵻 是 上同

䳄 敊 跂 庪 餽

薋

六至

至摯 贄 上同

鷙 䵹 墍 上同 嗜

上同

視 示 上同 謚

二 貳 樲 帥 上同

卒　四　肆　上同
歸　駟泗　柶　囟
上同　肆　次
上同　欥　髮紋
髮　東　鴂　恣
自　遂
上同　粹睟　誶　祟憏　謎　彗
翠　醉　檇　遂

古文韻海卷四　五

上同　鐩
燧　隧　上同　襚　璲
璲　繸　檖　篲　蕙
穗　上同　邃　䍁　彖
䍁萃顇瘁　悴　梓　地
上同　致　上同
質　上同　躓　輊
上同　鷙懫　膣　洷緻

穉　上同
治　遲　緻　緻捽
利　莅　上同　膩
醋　遬　上同
墜　懟　類　上同
瀨淚　肆　上同　勸
庚肆隶　帚　弃
遺　壝　雖　睢　悖

古文韻海卷四　六

覶
季　上同　羸　撎
四　叩　咥　器
冀　上同　覬　驥
概　上同　驥　上同　泉
洎　上同垍　慨
鱉　懿　上同　撎
饐　上同　饐　位

上同 喟

上同 歸 愧 上同 媿 聭

匱 上同 鐀 蕢 上同

饋 繢 錢 贑 䩱

畀 庇 痺

秕 鼻 上同 鼻

上同 比 上同 庳

秕 痹 寐

祕 上同 毖 閟 泌

鄪 上同 酉 轡 柲

棐 邲 上同 構 上同

芘 濞 活

俻 奰 上同 萠 鼽

紱 上同 蹟 上同 魅

上同 簣 糒 上同

出 屎 上同 貕 謚 四

媿 伵 劓

屁 匕

七志

志 誌 織 痣

嵩 試 上同 弑 幟

上同 熾 上同 饎

埴 侍 上同 蒔 上同

寺 餌 珥

刵 咡 眲 鉺 胾 剚 椔 菑

駛 使 上同 浹 駛

廁 事

上同 笥 思 伺 僿

寺 嗣

上同 飤 字 上同

孳 上同 牸 孖

置 貽 埊 魅 值

上同 吏 異异 詒
意 上同 嬉 嘻 亟 娸
記 其 蒠
忌 惎 上同
蓍 惎意 鷾 噫

八未

未 味
寐 費 鬻 上同 髴佛

眛 沸潰 誹 芾 祓
上同 跡 岪 誖 上同
扉 跸 上同 扉 痱
上同 翡 狒 穳
饋 上同 費 斐 蹟
蘔 韭 欷 餼
上同 熂熂 概 塈 上同
氣 氣 曦 乞欲

既 溉
旡 上同 疣穖 璣
塈 衣 毅 豙 薿 鷾
胃 上同 彙 蝟 上同
緯 奲 上同
諱卉 貴
上同 畏 慰
尉蔚 霨 鬱 犩 魏 上同

犨 鬐 殺 積 懅

九御

御 馭 上同
語 歔 上同 禦
飫 淤 寫棜 去
㰦 居絮 悇
據 倨 踞据 鋸 澽
艍 豦 遽懅 醵 詎

遽 覷 狙 蛆 租粲

怚沮 嫭 蒩 沮 上同

䟽 詛 跙

上同 助 上同 耡 䖶

恕 上同 庶

處 上同 蒭 [illegible]茹 洳

筯 上同 著 慮 上同

鑢 勴 上同 爐 濾攄

女 豫

上同 預悆 與 轝 上同 礜璵

蕷 澦 鸒 櫲 畬

鐭懥 曙 藷 上同

十遇

遇 上同 上同 禺 偶嫗

燠鏂屨鞻驅 約 句 瞿

上同 蒟 痀 眗 懼

上同 亦同 具飫 芌羽 雨霸

裕 諭顲 赴 上同

仆 上同 訃 蠡 嬔 孚付 傅

賦 鞴 搏 拊 附

祔䞳 駙鮒 柎 紨 腑詂 䟔

蚹 務 上同 婺稰 鶩

霧鶩 蝥 蟊婺 趣 趨

足 聚 上同 豎 戍輸 喻

腧腧 注 霔 註 鑄

上同 鞋 炷 昇 哇孺 乳 數

上同 駐 上同 邁 住

封 屢 上同 屨 僂

昫 酮 呴 上同 嘔

尌 樹 裋

封 上同 豎 蔟 腸

㦽 閏 嫗 縐 豐 盛

十一暮

暮 墓 募 怖
溥 上同 布 上同 抪
圃 佈 步 捕 哺
輔 酺 艀 鵏 駙
素 上同 訴 愫 傃 溯 上同
愫 嗉 措 上同 錯 醋
祚 上同 作 上同 胙 葅

胙 妬 詫 數 蠹
上同 秅 䀹 秖 兔
吐 鵵 度 上同
渡 鍍 路 上同 輅 璐 賂
露 上同 潞 簵
鷺 上同 瀘 簬
怒 努 督 護 上同 濩 頀
㸈 上同 鈲 互 沍 枑 涸 擭

鱯 謼 庫 袴 胯
苦 酷 僱 上同 雇 詁
故 固 上同 錮
酤 痼 涸 瞉 汙 上同
惡 上同 㤥 堊 誤 悞 悟
寤 晤 捂 逜 上同
忤 迕 作

十二霽

霽 濟 上同 擠 躋
細 嚌 壻 棲 岾
切 砌 妻 上同 睽 睽 劑
嚌 臍 眦 懠 齊 上同 薺 齌 媲
睥 淠 剕 擗 淠
閉 嬖 箅 蘗 薜 醳
帝 上同 諦 上同
嚔 上同 疐 柢 蔕

上同 氐締 偙 睇 揥
上同 莳 蝷 上同 蹄
踶 替 上同 鬄 涕 禘 䗖 蕛
渎 屎 狀 摘 鬄 上同
第 悌 娣
睇 上同 逓 上同 遞 逮
禘 鈦 軑 棣 杕 題 踶 鷄 帝
上同 鮷 麗

古文韻海卷四 十五

隸 儷 蘢 戾 上同 唳
鼓 上同 綟 颲 沴 瑒 唳 蜧 綟 颲
覼 上同 剎 侯 泥 系
上同 褉 姼 滕 瘞 褉
栔 絜 挈 計 繫 繼
上同 髻 上同 緆 医
翳 緊 嫕 翳 上同 壇 瞖 縊 瘱
瘞 謚 詣 棓 羿

上同 慧 憓 譓 蕙
上同 惠
上同 槵 譓 上同
韢 慧 暳 桂 筀 鵏 蘳 昚
娃 瓗 茶

十三祭

祭 際 穄 鰶 繖
歲 繐 檅

古文韻海卷四 十六

脆 穗 墓 檖
轊 錯
世 貰 勢 掣
瘳 猘
上同 鏊 制 製
淛 晰 晢 猘 晢
上同 筮 噬 逝 忕 澨
逝 上同 詘 稅 說 挩

悅　餵涗 蜕　毳霙毳 檥　剃　贅
上同 廒汭　芮　枘　蚋
劂滯　蕝例　厲　上同　礪
癘蠣 勵　迾　蠣　糲 糲　蠤 蠣
例　䴕　鴷 鱺　例　綴
上同　餟　啜綴 筍曳　抴 跩　袣
裔　勩　呭 枻　洩 澨　渫
怈　瑰　蕎　洩　貗

戭　䅐　疶　叡
銳　上同　銳 抗
埶　樧 鏉　癢　劓　甈
蔽　鷩　彆 敝 尚　澈　幣
槷　上同 弊 袂　衛　上同　瓌 轛
彗　懲　衛　幣　擳
上同　丐　罽　綱 瀱　偈 劖
擨　劂　鱖　上同　蹶

愒　上同 揭　瘞　鍻
上同　亦同　殺　蒯　上同
啐　迣　趯　遰　晢
鞢　幓

十四泰

泰
太汰　忲溙　帶　上同 蹛 蔕
庲　大釱

賴　上同 瀨　賚　鵣瀨 藾
癩 懶　嚁　藾 糲　柰　上同
貝　上同 伂　沛 狽　眛
䟛　怫娧 蛻駾　䬽　殺　兊刽 毲銳
酹　祋　霈 旆　怫　旆 茷
昧 沬　蔡 繺　鷭
最　上同　辭 蕞　害
妎　磕　愒 嚈　鍁　顉

鶋 上同 轄 歊

蓋 匃 上同 藹

靄 壒 嗑 鞨 猛

艾 忘 鴳 豥

會 繪 上同

禬 增 識 翽 噦 上同

檜 髤 儈 檜 劊 鱠 獪 膾 鄶

獪 檜 澮 薈 憎 濊

黵 外 上同 敓

鱛 疢

十五卦

挂 挂 註 絓 畫

罫 繣 懈 上同 解 廨 繲 邂

誒 隘 峗 硊 呃

睚 派 上同 沝 萍

葬 粺 稗 賁 曬 灑

上同 瘥 痉 債 饋 上同

眦 柴 上同 觜 嫯

十六怪

恠 壞 上同 蒯

上同 蕢 喟 塊 瞶

上同 戒 誡 上同 械

介 价 界 上同 紒 忦

玠 犗 疥 魪 芥 上同

屆 砎 禬 疥 械 髗 濉 髗

噫 䛛 喝 嘎

拜 扒 鞜 烗

劾 湃 備 韛 上同

辦 犇 霾 貍 鎩 殺

魒 瘵 祭 嘖 欸 齂

上同 譪 歆 奆 褹

十七夬

狭獪 話 上同 黯快噲噦 餲
喝 敗 上同 邁勱 休
講 呰 噦 上同
蠆 薏 懘

十八隊

隊 霨 上同 薱 慗 上同
錞 上同 墜 黰

古文韻海卷四 二十一

對 上同
敦 碓 轛
退 逮
䙜 類 耒 酹 儽
勵 擂 礌 上同 錑
頪
內 背 上同 輩 楷
輩 配 上同 妃 腜 佩

排 背 上同 誖 悖
孛 焙 㤸 妹 眛
上同 昧 晦 瑁 沬 脢 碎
萃 誶 倅 淬 焠 猝 啐 睟 綷 潧
頮 賄 塊 上同 堁 憒 慖
刉 薗 贅 上同 杌 磑
儡

十九代

古文韻海卷四 二十二

岱 黛 袋 逮
逮 上同 埭 上同 瑇
上同 隸 隶 貣 上同 貸 態
儓 戴 倈 賚
睞 逨 耐 鼐 簪 能 塞 𡫳
賽 塞 再 載 縡 菜
采 䌨 在
上同 栽 濊 截

裁劾 瀣 慨 愾嘅 欬

鎧 闓溉摡扢 縣 剴

瀣

愛僾 曖薆鑀曖 靄 礙

上同 閡 懝 胲

二十廢

廢 上同 癈祓 墢 鱍

蕟 肺 上同 吠 上同 茷

彘 乂 刈 忘鷄

穢 上同 濊 獩 噦

上同 餯 緣 顪

二十一震

震 振 賑 上同 侲

娠 挋 裖 鷏滇

慎 鬒 刃

上同 上同 仞 認 軔 上同

杒 葸 恂 眴 杒儐

擯鬢殯 覕

信 訊 上同 迅阠

汛 卂 囟

晋縉搢

進 上同

齔 鎮填 瑱 疢

上同 櫬襯 趍 燼 贐

上同 藎 藽 趂

陣 桰兩 吝 上同 恪

遴 蹸 上同 鄰 上同 磷

粦 燐蔺 閵 閵驎 菣

印 上同 釁

僅 上同 覲 瑾 上同 饉

殣憖墐 酳 允 上同 靷

上同 引 眒 朩

二十二稕

純　哼諄 埻訰　舜

蕣　瞬　上同

順揗　閏

潤　峻　濬浚

駿　陖　瞎　奄　徇俊

俊　畯　餕畯 饒殉

徇　親　寴瀙　訠

二十三問

問　聞紊 抆汶

絻　菟　妏

糞　叁

上同 濆　僨　奮　訓

膹　捃　郡 醖 愠 熅

運暈 鄆　韻

韗　韋　䩿　粒分　鼢

盜　鯨

二十四焮

焮　睎　靳　斤

墐　近　億隱　穩

濦憶　穩淫

二十五願

願　愿謜

遠瑗　楦

韗 券 桊 綣　勸　巽

攣 圈　怨

畹　訑　獻　上同

蹇 憲　建　劼　堰 郾

販　䜌　奮　嚻　斂

番　飯

萬

上同曼輓 蔓絻 鄭

獌 [illegible] 唁

鄭 上同

二十六慁

困 閫 噴

坌 湓 炃 悶 上同

懣 巽 潠 遜

孫寸 焌捘 鐏䲙 踆

頓敦 扽 遁 忳 鈍

遯 鶨 豚

論 埨 嫩臑 腀

諢 琯 餖

二十七恨

良 奔

二十八翰

翰 駻旱 焊 汗 澣

捍鞁 銲閈 垾 𣪠犴

鳱 㟏 榦 骭 旰漢

漢 暵 暵 囂

厂 看 侃 旰 扞

上同 幹澣榦 骭秆 犴

上同按案岸駻 豻 矸

㘔粲璨燦 晏 贊

讚 鄼 饡

灒攢 納 炭 歎 灘

憚僤 彈 但

爛 糷瓓 讕 瀾 㱫

彰 難 難攤

旦 是鳴 疸

散 繖

二十九換

換　逭　肒
垸　澣　愌　喚奐
煥　渙　滤　暵　換
貫冠　觀　懽
館　悹　痯　瓘灌　盥
鸛　懽涫　櫂　鑵悗
腕　玩　翫
半　絆靽　判　泮泮　潘畔

古文韻海卷四　二十九

叛　縵幔　漫　獌　鏝　槾　蒜
槾　莽　笇　竄　攛
爨　鑹　鑽　鍛
斷　上同　碬
彖緣　貒　段
上同　椴　斷
鍛　葮　亂
上同　𤔔　敽

孌　愞稬渜
三十諫
諫　澗　晏
鷃　鴳　鴈
上同　贗　干
慣　上同　卝　患
宦　擐　豢　槵　攀　上同　扳
鑒　眅　慢嫚

古文韻海卷四　三十

訕　汕　潸　柵　上同　鏟　棧　輚
虥　綰　骭　薍　串
孿　權　篡　澶
三十一襉
間　覵　豻
見　莧　幻　上同
辦　辮　辯
采　上同　盼　綻

組

三十二霰

霰先 敝 汎

蒨 茜倩 精 淒 輤

薦 荐栫 栫 瀳 荐

殿 上同 唸

瑱 眣

電 殿 奠甸佃

細 淀 澱 闐

填 琁 靦 淀

練 鍊 湅

楝 揀 辮 睍 蔽

見 峴 鬣

俔 牽 涀 緊

見 宴

讌 醼 嚥 爔 燕

藖 上同 見 睍 硯

鼾 縣 寰 眩 炫

袨 衒 駭 眴 絢

諞 拘 駒 曼 眴

罥 懷 獧 偏 餔 片

鍆 眄 瞑 湎 鱗

三十三線

線 葥 濺 揩 煎

羨 賤

踐 諓 錢 選 選 巽

綫 線 旋 淀 踐 縱 脧

梢 璇 扇 煽

饘 翦 繟 甄 戰 膻 繕

膳 擅 禪 墠

嬗 單 蕃 竄 釧 穿 瑍

雛 饌 撰 譔 孱

驏 襢 纏 輾 碾 囀

轉 傳 傳 摶 戀 孌

攣 衍 莚 涎 譴 掾

緣 遣 絹 鄄 狷 悁 彥 唁

甗 巘 瓛 援 媛 院 眷 卷

桊 弮 豢 捲 眷

倦 綣 便 面 偭 變

下 弁 汴 邴 抃

閞 笲 昪 猵 玣 坌

叀 槫 孌 掾 掾

騗

三十四嘯

嘯 驌 弔

仢 釣 窵 蔦 迢

糶 眺 覜 窱 趒 窕 眺 調

掉 銚 蓧 藋 料 嘹 尞 燎

款 撈 撽 擊 警 繳

叫 徼 皦 穾 尿 蕘 撓

三十五笑

笑 肖 鞘 陗 悄 峭

醮 釂 嚼 燋 爝 嚼 燋

譙 少 燒 照 詔 陧

邵 劭 召

燎 繚 鷯 鐐 獠 燿

曜 耀 鷂 覞 䚻 覜 鴵

要 葽 約 嶠 勡

剽 僄 摽 標 彯 飃 顠 瘭 驃

妙 篎 廟 繞 繞 俵 眺

三十六效

效 斅 校 佼

孝 嗃 狡 鷂 哮 涍 敲 磽 巧

墽 教 校 覺 挍 窖 較 鉸 樂

豹　[illegible]　㩧爆
儤謈　砲　貌媌　皃稍
槊削　艄　娋　茦　哨鈔譟●訬爪抓
罩　罹　掉　趠踔　櫂
逴　橈　淖
鬧頏　昆　靿袎　拗
皰　鞄　奅　抛
譟

三十七號

號　號　号　[illegible]
秏　好　上同　魹
犒　譹　熇　蒿
靠　誥
告　郜膏高　烄　縞　藁
奥　上同　墺
隩　澳燠　懊　傲

鶩　鏊謷　嫯
報　暴　虣瀑
瓟苞　袍　帽　勹
冒　瑁媢
毷　芼　氉　噪燥譟
埽　瘙　燥　搔　操
造　慥　糙
竈　躁　漕　嘈

到倒　禱　禂
導　翿之　纛　燾
盗
悼蹈
敄　檮　幬　鼓　禱
[illegible]　勞潦　撈　上同　橯
稾

三十八箇

箇軻河　艘賀　柯　餓
邏　灘　哆　左
馱大　柰　那　瘅哆　疼
三十九過
過　剉蝸　和　盉　揭
播譒　簸　磋
破　頗　磨摩
剉莝　挫　侳　蓌

坐蹉　磋卧　隓　貨　祼　課
髁　唾　嫷　稿
毻　惰
䠤　鰖　惋　䐩　䟎
上同　粿　涴
踒　挖　鏍　婐　摞
四十禡
禡罵　帊

怕　霸灞　鮊
欛　壩　靶把
杷卸　蜡　借
唶　耤
襸　蹃笡　舍
赦　駱　柘　蔗
炙　蟅
射

上同　賷
貫　䵲　嗄
厦　䗫　詐溠　醡
上同　乍　蜡　鮓
詐　咤　詫　詑
妊　夜　射
鵲　暇　嘉
下　夏

謼 嚇 墟唬 諱
駕 賈 竿
假 瘕 嫁
架 稼 㘦 架
亞 晉 西
訝 迓 序 砑芽
華 吴 擲 樺艭 話
化怩 乜 跨

古文韻海卷四 三十九

上同 夸 胯 詨
架 骼之 痾 謑
擢 瓦 謑 究 梍

四十一漾

漾 羕 恙惕 颺
餸 毸 養 上同
痒 訪 舫 忘妄 望
望 上同 謹諓 防

相 辦 迎 上同
餉向 傷 唱
障 嶂瘴 尚
上 上償 壯
壯
創 㓕愴滄 狀 洑
帳張 漲 脹 瑑 悵
暢 暘瑒

古文韻海卷四 四十

韔 鬯 伏杖 長 諒 上同
悢掠 量 兩緉
喭 眼 釀穰 向
嚮 晶 珦 倞 琼
上同 快 仰 旺
王 迋住 淮
況 貺 誑 迋 𨒪
讓 釀 霜 將

醬　疊

四十二宕

踼　逿碭　圖儻　盪　鐋

讜　當　浪　閬誏

蘭　傍

喪　上同

葬　藏　吭行　亢　荒翃

抗伉　閌　盎　醠坱　嗌柳　曠

上同　纊壙　懭　謗　艕廣

光　横　懹　爙　㳙

汪

四十三映

映

敬　竟　鏡　獍

鍈映　暎　競　檠

倞　詰

慶　更

行　横　榜

孟　盟　蝱　柄怲

病評　坪　命

上同

迎　詠　泳　禜営

諱　倀　儻　償　瞠

鋥　病　穎　瀾

四十四諍

迸　趙　硬　轟

四十五勁

勁勁　輕　夐詗　併屏

摒　騁　上同　娉

性　姓　狌　倩

清　淨

穽請　靚　瀞

聖

正 政証

鳴 盛 盛 晟

逈偵 竀 鄭

令 上同 窩

詺 罌

四十六徑

徑 經俓 罄 磬

甇 脛瑩 瀅 暝瞑

腥 之 惺醒 矴

錠釘訂 定 顁 飣

聽 莛 定 寗

佞 濘 泥濘 瀧

屏 絣 高

證 烝 承

四十七證

滕 縢 稱 上同

爯 乘 賸

騬 犘 甑

凭 朕 瞪 孕

上同 媵 鱦

興 應凝 凌

應 抍 扔

覴 掕

四十八嶝

嶝鐙 之 登 凳

鄧 磴 縢 [illegible]

堋 懵 瞢 鐙

鯍 贈 上同 黷

亘絙 堩 鮔 揯

四十九宥

宥 又

右 侑

祐 囿

疚 頄 盍 蘭酭

齅 蹊 救

究 疚

毆 上同 鬮

𡊄 灸 舊

上同 柩 殯 狖

古文韻海卷四 四五

蜼蟜 褎 柚 槱

鼬䌷 副 覆 仆

鬸 愊 富 鍑

復 伏 轂 上同

衟 餶 秀 宿 琇繡

鏥 滫 㑌 𣭫 糈

岫 袖 就

上同 鷲 狩守

獸首 收 臭 臰

祝䠞 鞣 蹂揉 腬

瘦 瘷嗖遚遚𦈡 梵 䅵

㑳 授 上同 綬

壽

上同 上同 售

騶 媰 懋

晝 上同 咮

古文韻海卷四 四六

胄 胄 上同 宙

蘨 繇 紬酎 紂 㾄

𥢑縮 溜 靁廇 窌餾 留 坈畈

瘤 鰡熘 糅 狃

鈕 趚 蓄

五十候

候

厚 后 逅 郈 鍭
後 鮜
詬 吼蔻 呴 貉
蔻 鷇 扣
彀 怐 傋 蚼 鏧 構
遘 覯 媾 冓 篝 姤 彀
句 聲 雊 垢
穀 詬 韝 漚 嘔 熰 嫯

梪 戊
上同茂 楙 袤 懋
瞀 霧 上同 貿 婺
務 嗾 嗽 湊
輳 腠 蔟
奏 上同
鬬 斲 譳
透 逗 音

豆 脰
逗 䛠 竇 餖 瀆
讀 漏 陋 鏤 耨
獳 仆 鞲 茇

五十一幼

幼 謬 繆 㝹

五十二沁

沁 葠 摠 浸

浸 寖 祲 蓡 枕
鍼 針 甚 顊
妊 上同 任 衽
紝 鴌 荏 滲 罧 讖
譖 僭 揕 歁 闖 覘
鴆 沈 蔲 禁 噤
紟 衿 棽 紟 衿 搇
黔 蔭 飲 蔭 暗 諳 深

櫇

五十三勘

勘 蜬 醮 轗 贛

磡 坎 餡 紺 灨 淦 憾

琀 唅 蜭 蛿 暗

諳 参 探 上同 憛

灁 顑 篸 贉 妠

五十四闞

瞰 喊 蹔

檐 甔 憺 啗

淡 澹 霮 腅 䃫 㪍

濫 鑑 爁 藍 譀

覽 鹹

五十五豔

豔 灩 爓 焱 焰

掞 厭 上同 饜 奄 弇

掩 䤷 驗 窆

砭 塹 槧 閃 扶 點

襜 韂 韂 占 贍 染 覘 歛 瀲

獫 㣛

五十六㮇

㮇 忝 丙 上同

磹 坫 墊 玷 上同 䨴

殿 氼

念 簽 歛 酓 僭 譖

五十七釅

釅 驗 諗 讝 脅 俺 淹

㴞 欠 噞

五十八陷

陷 㴞 臽 鎌

鋡 儳 懴 斬 減

站 詀

五十九鑑

[seal] 鑑 [seal] 瞰覽闞 [seal] 檻譏

[seal] 攙 [seal] 埿

六十梵

[seal] 梵帆颿 [seal] 泛汜 [seal] 涳 [seal] [seal] 上同

古文韻海卷四 五十

去聲終

集篆古文韻海卷第五

入聲

屋

屋剭　縠　轂

鷇　縠　轂　穀

鷇　谷　㱿

睊　嗀　鷇　觳　斛

㲉　檞　螜　卜　上同

濮　轐　菐　撲　纀　幞　䲣

扑　墣　䗱　穙

僕　暴　瀑

叐　靟　樸　木沐　毣　檏

鶩蚊　鞪　速　上同

餗　䩳　樕　觫

蝲　遬　蔟瘯　鏃

莘　族　上同

鋜　秃　読

鵚犢　讀　上同　讟黷

犢　殰　匵　瀆

上同　瓄

獨　髑　上同　韣

韇　罜　牘　騳

碡　獸　纛

禄　漉　簶　上同

麗　麓　麓　上同　碌

鹿　录　盝　騼

磟　蔍　摝　鱳

綠　轆䗒　𢿩　粶　睩

福　上同

腹　複輻　楅　鍑

幅　復　葍

輻　复　寝

覆 蝮 副
伏 上同
服 上同 復 [illegible]
輹 箙 澓 馥鵩
[illegible] 絥 鍑
目 睦 牧
坶 穆
苜 肅 上同

古文韻海卷五 三

夙宿宿 [illegible]
[illegible] 玉 鷫 驌
慼 蹴 踧 鼀
[illegible] 慼 [illegible] 蹙
菽 叔
上同 倏儵 鮛 [illegible] [illegible]
俶琡 祝 祝 粥 [illegible]
[illegible] 孰 熟 上同 塾

淑 璹 [illegible]
肉 上同 縮 莤謖 鷫 蟰
[illegible] 蹜 閦 竹
竺 上同 筑
築 蓫 蓄 畜
逐 柚軸 舳 妯
筑 蚰 六
陸 稑 蓼

古文韻海卷五 四

戮 勠 [illegible] 翏 [illegible]
鵱 肭 [illegible] 恧
育 昱 煜 粥 儥
喅 [illegible] 畜 慉 [illegible]
蓄 [illegible] 上同 [illegible]
[illegible] 匊 鞠
[illegible] [illegible] 鞠 上同 鵴
臼 菊 蘜 蘜 椈

髡　篤　鞠　挚
匊　駒　或　棫　澳
墺　上同奠　鐭
戫　哦　娀　毃
豚　豝　竈　蹴
歒　緎　上同

二沃

沃鋈　鬻　鷟　鵠　翯

艁　上同熇　㵿　蚩　酷嚳告
梏　梏⺀　糕　菲
瀑　鷄　鏷　篤
督　裻　禡　薅
毒　纛　妯　瑇
擢　敫　嫴　繫　斣
槈　蓐

三燭

燭　趨
屬　钃　矚　韣　鸀
束　觸
歜　臅　蜀　蠋
屬　韣鐲　獨贖　辱
上同　褥　縟
溽　鄏　戩　束
鞖　促　趗

餗　趚　足
續　蕢⺀　俗　上同　鞨
幞　瘃　斸欘　豖　躅
薥錄　籙　綠　淥醁　菉
欲　慾　谷　鵒
輷　曲
苗　拳　揭　輂
擢　鍋　檋

局 玉
獄 瑀旭 勗頊
顱 韄 妣 匸

四覺

覺 角 觻
捔 搉 榷 上同 較
殼 顝 殼 謞嗃 滈
狗 上同 慤 確

埆硞 𣪊 上同
榷 學 鷽 鷽
㴸渥 握 上同 偓 箹
箹 齷 剭 約 嶽
上同 樂 頣 鸑 皦
剝 駁 爆
駮 㲉 上同 箹
㲉 暴 璞 樸 璞

㩧 上同 雹 彴 㩧
彴 撲 礐 㦜 騶
曝 觳 鑿 邈
藐 皃 眊 朔
數 稍 箾 敕
上同 箱 溯 梢
擊 捉 齪
擉 箹 硺捉 齗 檖

篧 樵浞 濁 鷟 鷟
斲 琢 椓
卓 倬 啄 涿
斀 豥 䵵 琬
上同 籗 晫 逴
踔 罩 濁 上同 擢 濯
鐲 鶴 犖 耀
擉 䑼 溺

五質

質　銍鑕桎櫍躓郅

騭　蛭　噴　瓆臏　劕

失　室　鞊

叱　實

日　馹

昵　暱　䵒　率

帥　蟋　悉

膝　憄　藤　七

同上　桼　蔡　蓁

鰇　垤　唧　抶

之　熷　疾

嫉　蝾蒺

必　罼　鷝　滭　滭

珌　彃　韠　䟆　篳

鉍　饆　鮅　咇

四邲泌　比佖　飶　苾　駜　鞸

宓　謐　蜜　宓

蔤　榓　一　溢

筆　潷

弼　胇　𢐀　宓

鷸　蔤　恥　否　窒座

秩　同上　紩　郅　抶

咥　昳　魅　秷銍

齷　怢　柣　姪　栗

同上　同上　慄

溧　飃鴷　瑮　剽　㟳

暱　同上　逸　同上　佚

佾軼泆　溢　同上鎰　詰

吉　桔　一

壹　噎　肸　姞

同上　乙　同上　乿

颸 汩 茁 繘 同上

矞 同上 怵 咥 欯

屈 䮕 趫 僪 趫

六 術

術 述 同上 沭 潏 秫

驈 鷸 出

出 同上 恤 同上 訹

戌 戌 同上 焌

卒 猝 怵 崒 同上

踤 窋 宴 詘

欪 黜 絀 怵 同上

沭 术 律 繂 䢦

膟 卒 綷 崒 嵂

葎 聿 遹 矞 遹 繘 同上

䳍 鷸 橘 趫 驈

七 櫛

櫛 楖 喞 瑟 同上

珌 蝨 剎 同上

齛

八 勿

勿 物 芴

岉 拂 刜 艴 同上 乀

髴 祓 柫 紱 黻

弗 同上 黻 𢼌

紱 綍 颭 𢁘 不

不 同上 由 沸 颰 誖

綍 同上 佛 怫 同上 韍

䬍 同上 颭 屈

䖃 同上 刪

孑 詘 同上 屈 倔

猸 崛 掘 堀 𨒅

欝 同上 蔚 尉 鬱 尉 同上 攢

熨 嗢 菀 屼

九迄

迄 肸 釳 紇 汔 同上

乞 同上 訖 同上 吃

同上 疙仡 屹 䖭 屼

十月

月刖

軏扤 翅 岄 越

鉞 曰 粵

同上 絨 樾 蛾颰狘 闑

瀫 紬 厥 同上

劂 蹶 同上 亅 蕨

厥 同上 橛 樂

掘 劈鷢 欮 同上 蕨

揭 同上 揭 楬

竭 同上 碣 同上 楬 揭

謁 同上 暍 䵢 髮

同上 發 同上

伐罰 垡閥 㦽 茷

同上 韈 嚈嫳 韍

十一没

没 殁 孛 勃

同上 悖 同上 浡 渤 同上

焞 馞 焞 艴 鵓

葧 窣 卹 趙 屑 鶻

猝 卒 脆 卒 捽 窣

咄 蝟 抉 突

腯 餶 鶏 訥

趁 同上 䒘紇 鶻 淴

核 忽

智 惚 笏 淴 崛

聰 逈 麹 同上

鶻 窟 矻 崫
同上 骨 同上汩 愲 猾 滑
瘔 兀 卼 同上 屼 刖
杌 䯇 疝 跀 髨
同上 阢 云 敎 䟦
䂼 榅

十二曷

曷 同上 褐 同上 毼

鞨 鶡 藒 喝 同上
猲 同上 渴 嵑 碣 鬜
轄 葛 割 濭
鞨 騔 遏 閼 頞
餲 嶭 巀 枿
歺 奇 㖂 躠
槷 同上 榝 㰂 䠎
截 怛 同上亶 但 靼 闥

撻 達 羍 同上
獺 躂 噠 蠆 達
剌 辣 糲 掣 攋
鬎 喇 瘌 瘌 鯻
瓎 㸊 盭 喇 捺 㮏 臈
攃 澇 礤 𣲋

十三末

末 同上 沬 抹 秣

首 袜 秣 襪 活
同上 越 髺 頢 蛞
䈀 濊 闊 筈 同上 括
同上 聒 同上 适 活
同上 檜 栝 葀 鴰
𠯑 佸 䯏 苦 斡
捾 同上 盌 撥 鉢 鱍
同上 墢 癶 祓 茇

䑺　鏺　潑　發
曹　跋　拔胈䟦妭軷　茇
迊　癹　鱍　鈸　䮂
废　撒　襏　䋡　掇剟
鵽　侻　脫　挩　莌
奪　同上捋敓

十四黠

齾　硈　蔱　紇　扐
戛　秸　頡　忦　軋
揠　同上　鳦　扎　䳪
穵滑　猾　䯣　八
朳　扒　拔　同上
杀　殺　鎩　榝
察　札　垫　処
茁　䋆　聐　歇　眑
窫　疾

十五鎋

鎋　舝　菩　搳　楬
藒　同上齾　刮　銽　刖
刹　劕　刷　嘶　瞎
秳　唅　昏　祮　竅
栢　劀　蒯　姡　蛌
同上

十六屑

屑　同上　僁　躠　楔
糏　榍　㴽　切　同上
竊　同上　抶　諮瞡　節
同上　楶　收　品　懱
截　同上　節　同上　蠘
蠽　鐵　同上　餮　驖
姪　耋　絰　垤眣　跌
迭　咥　胅　同上　芺

荎 胅 同上 挃 抶

駃 駃 嵽 揥 眣

同上 涅 同上 茶 埕

哇 捻 荎纈頁擷 頡

桔挈契趧 鍥 蛪 㓩

結袺絜 潔 揳 同上

鍥 噎 同上咽

窦 蠮 涸 齧 同上硯

臬 隉 穴 血

沆 蟜 窩 鮎 関

闕 缺 玦

鑊 同上 觖 潏 同上

決 駃 訣 譎 鴂

同上 蚗 刔 絘 芵

夬 闋 駃 譎 孳

瞥 同上 𥈆 彆 瞥

同上 閉 同上 鞴 勧

焫 斃 苾 秘 同上

鉍柲 批 搥 孳 憋

穢 蔑 巖

幭 同上 蔑 蠛

同上 蔑 櫗 鸌

鳩 普 某 戾 婕

捩

十七薛

薛 紲 同上 褻 媟

偰 高誕揲痆 雪 蕝橇

絕 設 同上 毀 掣

痛 浙 晰 膌 鷩

舌 同上 折 同上 摺

同上 鶡 蛥 熱 同上

說 同上 歠 同上

拙　絀　同上　蝕　同上
同上　呐　蜹　刷
銙　茁　哲　同上　蜇
眣若　觫　轍
徹　澈　撤
列　烈
冽冽裂迾蛚栵　茢鴷　鴷　烈　綴
輟　同上　叕　啜　惙

古文韻海卷五　二十一

啜　蹳　鱉　醱　錣
芀　鋝埒　孑　釨　悅
同上　閱　成　珹　翊
同上吷　䟙　竭　揭　同上偈
藹　傑　桀　同上　榤
渴　謁　碣　同上　橀
同上　孽　蘖　孍
闑蠍　蠥　㞕　同上

甈　隍　螫鷩　蟞
減　搣　別　蒯
鬣　朧　絟　援　同上斷
鵽　拙　抉　趨　鱉
甏　旻

十八藥

藥　躍　同上　礿　瀹
爚　龠　籥　同上　鑰鶹

古文韻海卷五　二十二

蘥　龣　覦　櫟　鑠
鷟　縛削　散　鵲　同上
猎　欃　汋　爵
同上　雀
爝　同上　嚼鑠　爍濼
鴆　爍　同上　灼　同上
焯　勺　芍　同上酌
妁彴　綮　斫　約焯　敫皺

綽 同上婥杓汋仢 弱 同上

若 同上

叒 箬 惹 著 櫡著

連 婼 [illegible] 躇 蘛

同上 辵 略 同上 掠

蟟 謔 却 郤

[illegible] 蝍 脚䩑 屩 噱

臄 醵 同上 蹻約蒻篛

古文韻海卷五 三十三

蒦 虐 瘧

矱 擭鑊 矆 同上 彏

同上 嬳 朐 矆 [illegible]

斮

十九鐸

鐸 度 劇 澤

恮 同上 跅 託 橐

同上 柝 㯷 拓䰩 蘀

蘀 袥 侂 跅 馲

同上 飥咤 洛 同上 零

酪 落 絡 珞硌

樂 同上剫烙轢鉻 駱

雒 咯轢 [illegible] 皪格茖路

諾 [illegible] 博簿 [illegible] 搏

同上鎛鑮 髆 [illegible] 餺

[illegible] 爆 猼 欂 曝

古文韻海卷五 三十四

粕 濼 膊 [illegible] 䍸

[illegible] 蓴 同上 髆泊 薄

同上箔 亳礴怕簿䃼鏄 鑮

莫 同上 幕漠鄚瞙摸嫫

漠 冥 瞙 募 索

錯斮 厝散 各 同上閣骼

作

同上昨酢 鑿 柞 筰

同上 作 措 筰 錯
鵅 貉 同上洛 涸 矐䑚
鄗郝 蘒 壑 同上謞
睢 恪 惡堊 証
鰐 諤 噩 愕 鄂愕
咢 鍔 同上 鶚 鱷
同上 顎 崿 擭 鑊蒦
穫鑊 霍藿彍 擢 嚯 廓霩

古文韻海卷五　二十五

鞹 同上 劇 擴 雚
郭 同上 槨 埻同上曠 崞
艧 蠖 嬳

二十陌

貊 駬 貊鷨 帞 洦
嗼拍 魄 珀 貘 霸
同上 岶 百 同上
伯 同上 迫栢敀 洦

白帛 舶 敀
磔 搩 蠑 乇
馲 坼 㡯 趚
宅 澤
擇 翟 鸐
澤 搦 赫 同上
嚇 客鮥
格 䨼 佫 挌 骼

古文韻海卷五　二十六

骼茖 鮥 頟 詻 茖
碏 唶 齰 虩
隙 郤 同上 湝
謋 焃 翮 赫 虩
同上 摅擭 蒦
韄 鮮 索 硤 䨣
榡 迮 窄 窄 絡
同上 戟 吼 楓

劇 屐 仇 逆 同上
同上 屰 同上 縌 啞
洛 劇 作 藉 同上

二十一麥

麦 同上 霢 同上 脉
鶂鵊 艹 䴡 擘 檗 䫺
同上 㵸 柹㰗 策 同上
冊

同上柵 愽婧 䶦 簎 㯬
責嘖 咋幘 𧸖 諎 責
䞍 摘 謫 同上 謪
特 同上 瞞 覈 翮
核 繳隔 鬲 膈
革 嘩 愅 戹 阨搤
軶 䡋 硯扼 䝉 䚢
讗 獲 畫嫿 嚍

劃 剨 掝 滅 同上
馘 幗蟈 檗朳 趚砳 疒
驖 鵙 澍

二十二昔

昔腊 惜 舄磶潟 焟
鬄 蕮 猎 瘄 刺磧
趚 赤 積 同上 脊
蹐 脊 迹 同上踖借續

鯽 膌 鶺 同上
席 夕 穸蹐 藉 同上
耤 瘠 同上瘠 莋
筰 踖 同上 釋 同上
適 螫襫 螫 同上 夾
液 尺 赤
同上 斥 同上 滷 臭
蜥隻 摭 蹠跖 炙 被

墌　石　同上祏　碩鼫　射　擲
躑　鄭　藹
益　嗌　螠　繹　襗　醳
掖　胑　亦
奕　此非　同上　是　弈　帟　懌　斁
同上　射　譯　驛　嶧　場　圛　液　易
睪　同上　釋　檡　焲
瘍　役　疫　墢　鷊　毅

鰕　鈠　辟
同上　躄　襞　壁　同上
檗　僻　同上　避　擗
辟　闢　檗　碧　甋
覿

二十三錫

錫　裼
緆　晳　析　淅　唽

蜥　蛪　戚　鏚
慽　鼜　績　勣
寂　同上　同上　啾
壁　鼊　筋　霹
劈　澼　僻　辟　甓　鷿
覓　同上　冪　同上　幎
鼏　辟　蓂　塓　鼆　糸
同上　汨　覿　爑

的　同上　弔　適　嫡　蹢　靮　甋
鏑　滴　樀　菂　同上
礄　弜　同上　馰　逖
同上　趯　惕　剔
同上　皙　摘　俶　諔　狄
同上　敵　同上　踧　迪
同上　覿　糴　同上
滌　同上　笛　同上　籊　荻

翟耀　莜　擿　逖　磿
同上　厤秝靂鄦　礫
同上瓅　鬲
同上　轢　瀝
壢　瀝櫟　瀝　醨　趯
轢　鄦　寥　裏　磿
劂　壢　讈　醨　擽
䟐　纆　鬲　孋
靂　怒　同上　溺　惄
檄椴　藙　覡　獥　鸍　敫
同上激　擊　憿　鵃　同上覓
艦　鷊閫　閴　款臭　鶪
殈　砉　瞁　喫

二十四職

職　同上　織　同上　膱
樴　蘵　蟙　昵

識　飾　式　同上軾
拭　寔湜殖　埴　植
同上　食　蝕
同上　側
仄　昃　萴稄　汄
色　嗇穡轖測惻　畟崱
眞　息　同上熄　瘜
即　鯽　同上　稷　同上
堲　蝍　同上稷　喫
陟植　敕　飭　同上
遈　同上　騺
直植　力　方
匿　愝　弋　杙　翼
翊　同上　翌　同上　廙戭
默　䢅　肴　匽　稷
蚫　萁　殛　同上　亟

同上 襋 棘
苟 鞕 琳 僰 諽 艳
畫 億 臆
繶 憶 抑 同上 意 㦤
薏 檍 [illegible] 嶷 薿 [illegible]
蜮 緎 緎 閾 同上
域 或 戫 棫
洫 侐 堛 福 副

古文韻海卷五　三十三

同上 愊 畐 快 揊 同上
皕 楅 愊
極 愎
楅 稫 稫 腷

二十五德

德
得 忒 悳 貣
同上 特 蟘 蚮

勒 肋 扐 泐 仂 玏 北
同上 匐 踣 僰
菔 墨 默 同上 纆 嫼 𦪇 蟔
塞 寋
則 賊 鰂 同上
劾 黑 或
國 克
同上

古文韻海卷五　三十四

尅 刻 [illegible]
籃 希

二十六緝

葺 咠 緝 潗 霵
霫 [illegible] 湒 習 同上
襲 隰 鳛
[illegible] 集 亼 輯
鏶 葺 揖 濕 執

同上汁 十 什
拾 同上 褶 叶
入 廿
皀 㗊 澀 同上 鈒
同上 戢 濈 觧 職
膱 馽 同上 蟄 墊
立 同上 粒 同上
笠 揖 熠同上 [illegible] 吸

同上歆翕 潝 歙 傖
泣 同上湇 [illegible] 胵
曝 急 同上 伋 給
級 汲 彶 同上
及 芨 苙
鵖 邑浥悒 裛 挹
岌 垃 馺 孴
因 苪 唈

二十七合
合 同上 郃迨 [illegible] 粭
鮯 欱 溘閤合頜 鞈 同上
蛤 鞈 姶 唈 罨
鞥 [illegible] 趿颯 [illegible] 帀
噆 呷 挾 雜 雥
雜 磼 荅 同上 踏
錔 嚃 揩 塔 譅

狧 荅 鞜 同上 沓
嗒 同上 踏 遝沓騇 搭
蹋 𦑣 拉 同上
压 翋 納 同上軜 抐
㕇 同上 庢㕇 客
圾 般 [illegible]

二十八盍
盍 闔 同上 嗑 鉀

二十九葉

三十帖

三十一業

業 同上𦐂鄴僷葉 喋

脅 同上協 愶 胠 歙

協 怯 㾀 劫 同上 祫

极 抾鉣 砝 蜐 跲

拾浥 裛 腌 鯩 餂

殗 同上 䀹 㵸

三十二洽

洽袷 陜硤 齧 敆 同上 恰

恰掐 䫔斜

夾郟 祫 韐跲 筴 鞅

餄 歃萐萐霎 臿 插扱

徣 劄 庙茵 歙 㰹

𨀣 四 㿈溅 騞 徣

煠

三十三狎

柙匣 同上 箽

甲 砰鉀 狎壓

鴨呷 翣

唓 鑀 霅喋灅

三十四乏

汎 法 灋

入聲終

校補説明

《集篆古文韻海》，五卷，宋杜從古撰。現見到最早的版本爲宛委别藏影摹舊鈔本〔一〕，民國二十四年商務印書館依故宫博物院所藏影印，《續修四庫全書》又依商務印書館影印本影印。

《集篆古文韻海》，每半葉八行，行以古文大字五字爲主，各附小楷釋文。版框高二十一公分，寬十五公分，烏絲，白口，頁心寫「古文韻海卷×」，下寫頁數。卷首有序文三頁，末署「宣和元年九月二十八日朝請郎尚書職方員外郎臣杜從古謹序」。卷首無目録。正文内容依韻書常例編次，即按聲調分爲五卷：卷一，上平聲，二十八韻；卷二，下平聲，二十九韻；卷三，上聲，五十五韻；卷四，去聲，六十韻；卷五，入聲，三十四韻，計二百六韻。但卷二下平聲奪韻目「二仙」、卷三上聲奪韻目「二十阮」和「二十一混」。各卷韻目用字及次第多依《廣韻》，各韻内單字則主要依據《集韻》次序排列，不同於《集韻》把真軫震質／諄準稕術、文吻問物／欣隱焮迄、痕很恨／魂混慁、寒旱翰曷／桓緩换末、歌哿箇／戈果過等韻中個别小韻開合混置。

關於杜從古及其《集篆古文韻海》的著録，較早的見於阮元《四庫未收書提要》卷三。「集篆古文韻海五卷提要」云：「杜從古，字唐稽，里居未詳。陶宗儀云：『從古官至禮部郎。』自序稱朝議郎尚書職方員外郎，蓋指其作書時而言。從古以郭忠恕《汗簡》、夏竦《古文四聲韻》二書闕佚未備，更廣搜博采以成之。案《書史會要》云：『宣和中，（從古）與米友仁、徐兢同爲書學博士。』高宗云：『先皇帝喜書，設學養士，獨得杜唐稽一人。』今觀其書，所譽良不虚也。」

正如清代中葉學術史上「主持風會數十年，海内學者奉爲山斗」的阮元（一七六四——一八四九）所云：「（杜氏此書）是編藏書家未見著録」，是有根據的。因爲在他之前或同時期學者的著録中，均未發現他們見過杜從古所著《集篆古文韻海》。吴玉搢云：「今並《（集篆）古文韻海》亦不可見，翻此碑……筆法未善，視郭忠恕、僧夢英已當三舍避之。……」畢沅亦云：「……《古老子》云出《（集篆）古文韻海》，《宋史·藝文志》無此書。字體奇詭失實，非古人之遺也……」

直至近代，著名的版本目録學家繆荃孫《藝風藏書續記》始有該書版本、目録情況的介紹。卷一云：「（《集篆古文韻海》五卷）明景宋鈔本。宋杜從古撰。此書諸家皆不著録，止見《平津館鑒藏書畫記》。前有杜從古自序，後有『時嘉靖癸未歲仲秋吉旦，假鈔本訂正重録。武陵伯子龔萬鐘識』一行正書。

桂氏手跋曰：『序載《永樂大典》一萬五千九百七十八卷，九震韻。初，宋芝山出示此本，疑北笘姓名不類，訪之周林汲，言《大典》作杜從古。因就四庫館互勘一過，原書十五卷，後人損爲五卷，而削其《目録》、《音義》，使前人條貫不復可尋，深爲惋惜。世間或有原本，存此可讎校也。戊戌九月十一日曲阜桂馥』。」

從繆荃孫《藝風藏書續記》可知，《集篆古文韻海》不僅有宋鈔本，而且有明鈔本。明鈔本有一行正書「時嘉靖癸未歲仲秋吉旦，假鈔本訂正重録。武陵伯子龔萬鐘識」，但不見於宛委别藏本，這説明宛委本爲明龔萬鐘鈔本後的又一個鈔本；從桂馥手跋可知，桂氏所見十五卷本，當是别一版本系統，「後人損爲五卷」之説不確。

杜氏在自序中闡明是書的編寫動機、收字的來源及所收字數，云：「臣嘗惟朝廷有大典册，垂之萬世，而百氏濡毫，體法不備，豈不累太平之盛舉。臣性識闇昧，固不足以商榷其精粗，是正其異同，誠以博求三代之字，僅四十年。雖未云衍，每閲於目，璨然炫耀，如在其世而親炙焉。今輒以所集鐘鼎之文、周秦之刻，下及崔瑗、李陽冰筆意近古之字，句中正、郭忠恕碑記集古之文，有可取者，摭之不遺，猶以爲未也；又爬羅《篇》、《韻》所載古文，詳考其當，收之略盡。於今《韻略》，字有不足，則又取許慎《説文》，參以鼎篆偏旁補之，庶足於用，而無闕焉。比《集韻》則不足，校《韻略》則有餘。視竦所集，則增廣數十倍矣。」

關於《集篆古文韻海》的編寫目的，郭子直（二〇〇一）指出：「一是備朝廷撰寫典册之需。如宋徽宗時鑄造的青銅禮樂器上的銘文用字。二是供民間寫刻紀念文件。如墓誌銘蓋、碑額、印章等的用字。」我們認爲郭先生的看法是有道理的。對於該書的價值，郭先生又説：「今天看來這書的貢獻，在於補出了《集韻》裏的許多重文的古文寫法。《集韻》所録的重文，現在公認在古文形體上很有價值，可惜只是隸古定，本書就把一些字的古文寫出。《集韻》編者所能見到的古文資料，杜從古當時也能見到，雖然此書未能記明出處，卻未必就是杜從古杜撰的。」《集韻》在古代的辭書中收字是較多的，其中一個重要原因，就是收了大量的異體（重文），《集韻》編者根據古文形體而加以隸古定，這對於《集韻》的編書體例而言是無可非議的，但隸古定畢竟不是古文形體的原貌，二者的價值不可等同，而《集篆古文韻海》彌補了這一缺憾，郭先生的評價是公允的。

顧名思義，《集篆古文韻海》是以韻書的體例加以編排集録當時所能見到的篆體和古文的集大成者。該書是宋代繼郭忠恕《汗簡》和夏竦《古文四聲韻》之後又一部集録當時所見傳鈔古文和出土器銘的文字彙編。宋代前期的「古文」，本是漢代人對小篆以前的古文字的籠統稱謂，實際上來源於戰國時期的簡帛書籍。「漢以來，傳寫古文字體一直有兩種主要形式，一種是字書，另一種是古體寫本（包括石刻）。前者可以《説文解字》爲代表，後者則以《魏正始石經》爲代表。《汗簡》和《古文四聲韻》就是以《説文解字》和《魏正始石經》做基礎，進一步擴大收集當時存世的其他一些字書、寫本和石刻，彙輯其中的古文字體編寫而成。」（李零一九八一）宋代後期的「古文」的内涵又有所擴大，不僅包括寫本、石刻，而且包括青銅器銘文。《集篆古文韻海》就是這一認識和實踐的結果，這不僅擴大了所收古文的範圍，古文的數量也較《古文四聲韻》有成倍的增加，而且有力地推動了金石學的興起和發展。不僅如此，黄德寬（二〇〇六）指出：「值得稱道的是，這部書收録了相當部分的鐘鼎文字，對古文字書的編纂有所發展，隨著金石學的興起，傳世文獻和鐘鼎文字兼收並蓄已成爲古文字書編纂的一個趨勢。」

宛委本《集篆古文韻海》在體例上存在一些明顯的缺陷，其中最遭人非議的，當首推所列古文各字形，均未注明出處（郭子直二〇〇一）。《汗簡》、《古文四聲韻》不僅列出引用書目，而且在每一古文後注明出處，而《集篆古文韻海》在古文和釋文後未見一例注明出處的，有些古文字形可以從《汗簡》、《古文四聲韻》以及《考古圖釋文》等書找到印證，但大多字形就無從參驗了。黄德寬（二〇〇六）指出：「書中古文不注出處，卷首也未列資料來源，錯訛頗甚而無法校對，數量雖多，也難於憑依。」徐在國（二〇〇六）也有同樣的觀點：「由於此書所録古文形體無出處，又没有好的整理本子，使用起來應當十分小心，不要輕易引以爲證，當有所鑑别。我們在編纂字典時，發現該書存在以下問題：（一）該書部分字形下没有字頭；（二）該書部分字寫錯了。」除此之外，我們還發現一些問題：部分體例前後不一，有釋文無相應的古文字形，部分古文字形有訛奪現象，部分古文字形與釋文相錯亂現象等。

鑑於《集篆古文韻海》的價值尚未得到充分的挖掘，書中的問題影響其價值的發揮，當前的戰國文字研究已成爲古文字領域中的熱點，我們不揣淺陋，嘗試對該書進行整理和校補。

校補的前提需有其他版本，《集篆古文韻海》雖有宋鈔本、明鈔本，但上述鈔本均未流傳下來，僅有宛委别藏本及其影印本一種。雖然如此，但該書在流傳過程中被引用的現象還是有的。到目前爲止，就我們所知，《集篆古文韻海》被轉録或引用的有二：一是元刻《古老子》碑，一是《永樂大典》。

《老子》今本流傳最廣的有河上公、王弼兩種。朱謙之指出：「河上本與王本較，以河上本爲優。但同在河上本之中，又有北方傳本與南方傳本之不同。……北方本以敦煌發見之六朝唐寫本爲代表，即敦煌本。南方本則以日本奈良聖語藏鐮倉舊鈔卷子殘本及東北大學教授武内義雄所藏室町時代鈔本爲代表。就中北方本又優於南方本。何以證之？以字數證之。北方本據法京圖書館所藏敦煌本殘卷末尾題『《道經》卅七章二千一百八十四字，《德經》卌四章二千八百一十五字，《五千文》上下二卷合八十一章，四千九百九十九字』。南方本如室町期之古寫本，則有五千三百二字。」古本則爲一九七三年湖南長沙馬王堆漢墓出土的《老子》寫本兩種，現稱之爲甲、乙本。

《古老子》碑，原石現藏陝西省周至縣觀臺説經臺門洞碑廊東側。陰陽兩面刻字，碑高二二四公分、寬一〇八公分。第一碑陰陽各刻古文《老子》經文三十行，行五十五字；第二碑碑陽續刻古文經文二十九行，碑陰接刻古文經文十一行，行均五十四字。經文後低三格附刻書丹人高翿小篆跋語三行。其文爲：「壬子冬十弍月，予改同刺泰安。到官未逾月，有會真宫提點張壽符過予，求書《五千言》。因循於今，僅三年矣。昨因病暇，靜中始得書之。《老子》舊有古本，歷歲滋久，加之兵亂，散失不可復得。偶於《古文韻海》中，檢討綴輯，閲月乃成。體制之妍醜，筆力之工拙，具眼者自能識之。時歲舍乙卯冬十月，松巖貞隱高翿書於泵齋之正心軒。」也就是説，元刻《古老子》是高翿依仿《集篆古文韻海》中的古文綴輯而成的。郭子直説：「此碑文字，全同今本，無需另作校勘。」經與《老子》諸本比較，《古老子》所據的版本多與河上本同，且與河上本的南方傳本近，因爲《古老子》有五三二一個字。《古老子》與河上本的不同之處，另文討論。我們現按《集篆古文韻海》的體例，把《古老子》五千多字的古文形體重新排列，附録於後。

《永樂大典》也引用了杜從古的《集篆古文韻海》。

《永樂大典》是明成祖（朱棣）永樂年間編纂的一部大型百科全書，保存了我國大量十四世紀以前的文學、史學、哲學、宗教和應用科學等方面的豐富資料。

《永樂大典》應有二萬二千九百三十七卷，但現存僅八百多卷，其中中華書局兩次影印共收七百九十七卷（十册，其中第十册爲目録）；上海辭書出版社於二〇〇三年影印出版海外新發現十七卷（一册）。《永樂大典》是以八十韻本《洪武正韻》爲綱（寧忌浮二〇〇三），采取按韻與分類兩者相結合的「用韻以統字，用字以繫事」的編輯方法。每一個字詳注其音韻、訓釋和它的篆、隸、楷、行、草各種書體，再依次把有關天文、地理、人事、名物，以至奇文異見、詩文詞曲等隨文收載。明成祖稱讚這種編輯方法是「揭其綱而目畢張，振其始而末具舉」。《永樂大典》的殘卷保存了《集篆古文韻海》的部分内容。

關於《永樂大典》對各種書體的引用情況，現舉一例説明：

成（頁九〇一〇）洪武正韻……篆書成成成並古論語成古孝經成大篆成小篆成芝英篆成瓔珞篆並見姚敦臨二十體篆。成成並趙喬成宋公鼎成齊鐘成季娟鼎成古文並見楊鉤鐘鼎集韻。成厚趠父鼎成季妘彝成成並敔敦成秦詛楚文成成並秦權成古孝經成古老子成王庶子碑成成並唐韻成蓮勺宫鼎盤成度世古元歌成絳碧落文成澤碧落文成古文並見杜從古集篆古文韻海。成成並徐鉉篆韻。成成成成成並六書統。隸書成老子實道碑成周憬銘成梁相碑成熊君碑並漢隸字源。真書成智永成歐陽詢。成顔真卿。成柳公權。行書成成並王羲之。成王獻之。成智杲。成顔真卿。成褚遂良。成蕭瑀。成蘇軾。成成並米芾。成趙子昂。草書成成並章草。成皇象。成成成並王羲之。成王獻之。成智永。成張旭。成蘇軾。成鮮于樞。成成並趙子昂。

《永樂大典》「成」字下有五種書體，分别爲篆、隸、楷、行、草。篆、隸主要引自彙編作品，楷、行、草主要引自歷代書法家的作品，其中篆書有姚敦臨《二十體篆》、楊鉤《鐘鼎集韻》、杜從古《集篆古文韻海》、徐鉉《篆韻》、楊桓《六書統》五種，隸書有洪邁《漢隸分韻》、婁機《漢隸字源》兩種，真書取自四家書法作品，行書取自九家書法作品，草書取自九家書法作品。

表明《永樂大典》引用的内容來源於杜從古《集篆古文韻海》的主要爲「見」和「並見」兩種。如果僅有一個字形，則注明爲「見」，如：

旍（頁一四三九）洪武正韻……篆書義雲章見杜從古集篆古文韻海。

「」來源於《義雲章》，《永樂大典》所引並非直接來源於《義雲章》，而是轉引自杜從古《集篆古文韻海》。

如果是多個字形，往往注明爲「並見」，如：

遊（頁四〇四一）洪武正韻……篆書……見楊鉤鐘鼎集韻古文古尚書郭昭卿字指並雲臺碑並崔希裕纂古並集韻古老子並見杜從古集篆古文韻海。

「並見」表示從「古文」到「古老子」均轉引自杜從古《集篆古文韻海》。

也有少數情況例外，雖爲多個字形，但也只用「見」，如：

遵（頁一一五〇）洪武正韻……篆書集韻郭昭卿字指汗簡並義雲章澤碧落文並王存乂切韻見杜從古集篆古文韻海。

雖然沒有「並」字，但從「集韻」到「並王存乂切韻」均轉引自杜從古《集篆古文韻海》。其理由是宛委別藏本該字有四個篆體：「遵」，與《永樂大典》的《汗簡》、《義雲章》、《王存乂切韻》分別相同。「並王存乂切韻」，表面看來似乎僅此二形中的後者引自《集篆古文韻海》，但這樣宛委本的前三個字形就無法解釋；而且從引書體例也可以斷定，雖沒有「並」字，但這些字形均採自杜從古《集篆古文韻海》是沒有問題的，因爲《永樂大典》的篆書、隸書的字形均轉引自彙編作品，而從未有一例直接引用原書。《永樂大典》引用《集篆古文韻海》計三四七個字頭及其篆體，凡與《集篆古文韻海》不同的，我們充分利用三四七個字頭的古文及其釋文進行校補。

校勘部分主要是對古文後的楷體釋文進行校對，即利用《集韻》異體的隸古定。《集韻》成書於宋仁宗景祐四年（一〇三九），但最早刊行於宋仁宗慶曆三年（一〇四三），原版已不可見，現在可見的宋本主要是南宋時期的翻刻本。現在所知的宋本有三個：一是國家圖書館藏南宋潭州刻本，一是日本書陵部藏南宋孝宗淳熙十四年（一一八七）田世卿安康金州軍刻本，一是上海圖書館藏南宋明州刻本。元、明兩代，《集韻》没有刊刻。清曹刻《楝亭五種》之《集韻》爲汲古閣影宋鈔本。該本影響很大，其後的顧廣圻補刊曹楝亭本、姚元觀《姚刻三種》本《集韻》均爲曹刻的翻刻本（趙振鐸二〇〇六）。本書所用的《集韻》爲中華書局影印國家圖書館藏《宋刻集韻》。

我們所做的工作主要是校補。校補的依據主要是《永樂大典》（下徑稱「大典」）、古文《古老子》和《集韻》。《集篆古文韻海》是以宛委别藏本爲底本，參校《續修四庫全書》本；《集韻》是以中華書局一九八九年出版的《宋刻集韻》爲校本；《永樂大典》是以中華書局（一九八六）和上海辭書出版社（二〇〇三）影印本爲校補本；古文《古老子》是以周至樓觀臺道德經碑的拓片爲補本。

《集篆古文韻海》分爲五卷，分别爲上平聲、下平聲、上聲、去聲和入聲，其中上平聲二十二葉、下平聲三十葉、上聲三十九葉、去聲五十一葉、入聲四十葉。葉十六行。校補從上平聲開始，再按上平聲韻目的次序進行校對，其他各卷同。有問題的首列葉數、次列行數、再列宛委本的古文和釋文，最後校補説明，如：一東：

一頁十五行 ⿰言夆，「⿰言夆」誤，據《集韻》和篆體當爲「⿰言逢」。

因《集篆古文韻海》單字排列是依據《集韻》的次序，如補出的是宛委本所無的古文和釋文，就按照該釋文楷體在《集韻》的同一小韻中的前後次序而確定其在宛委本中位置。如：

一東：「霊」，宛委本未見，「霊」在《集韻》中與「終螽」同音，爲同一小韻，在「終螽」之後，所以增補時列在「終、螽」之後。

校補體例如下：

一、補宛委本所無的出處，大典古文字形基本上均注明出處。如：

二十九頁十五行 ，大典字頭、篆體同，但有出處，卷九千七百六十二，砻頁四一八九： 古尚書見杜從古《集篆古文韻海》。宛委本當據補。

二、補宛委本所無的釋文及相應的篆體。大典有某字字頭及篆體，而該字字頭及篆體宛委本未見。如：

「頌」，宛委本未見，大典有字頭、篆體和出處，卷五百四十，頌頁八一： 古論語 集韻 史並見杜從古集篆古文韻海。

「慮」，宛委本未見，大典有字頭、篆體和出處，卷一萬九千七百八十四，慮頁七四二三： 王存乂切韻見杜從古集篆古文韻海。宛委本當據補。

三、補宛委本僅有釋文而無篆體的篆體。宛委本某些楷體釋文附於其他釋文之後，而無篆體，但大典有該字字頭及其篆體。如：

三頁六行枳 軹 疻，「枳」，大典字頭、篆體同，但有出處，卷一萬一百十二，枳頁三〇一： 説文見杜從古集篆古文韻海；「枳」，非「軹疻」二字之篆體，二字篆體未見，而大典二字有篆體，且有出處，軹頁三一四：軹軹家釜見杜從古集篆古文韻海；疻頁三一八： 説文見杜從古集篆古文韻海。宛委本當據補。

四、補大典所多於宛委本的篆體。宛委本釋文與大典字頭相同，部分篆體亦相同，但篆體的數量大典要多於宛委本。如：

三十三頁十一行□□□□□□□上同，大典有二十個篆體，其中七個與宛委本同，且均有出處，卷一萬二千五十，友頁五一五六：□汗簡□老子銘□大夫始鼎□左亞高□蔡姬彝□弡仲簠□寅簋□師□敦□無子鐘□□並諸友盉□嘉仲盉□苛子銘□□並古文□石經□遺字或如此□分寧鐘□古孝經□汗簡並見杜從古集篆古文韻海。宛委本當據補。

五、補宛委本部分篆體的訛、奪。宛委本部分篆體字形有訛、奪，而大典該篆體字形完備。如：

三頁十四行埜□，「埜」字形有奪落，大典字頭同、篆體完備，且有出處，卷一萬七千七十六，箠頁四六一〇：埜集韻見杜從古集篆古文韻海。宛委本當據改。

十三頁八行□□，篆體誤，其下不當爲「□」，當爲「□」，大典是，且有出處，卷六千五百二十三，裝頁二五九三：□集韻見杜從古集篆古文韻海。宛委本當據改、據補。

六、根據《集韻》，補部分篆體字形後的楷體釋文。宛委本部分篆體字形後無釋文，或無相應的釋文。如：

七頁四行□，「□」後奪字頭，據《集韻》和篆體，當爲「飢」。

五頁十一行□□，「□」，非「□」之篆體，「□」後奪字頭「襴」，《集韻》「繳襴」爲異體，當據補。

七、根據《集韻》，校正部分楷體釋文。宛委本篆體字形後往往注其異體的楷體釋文，而非其相應的楷體釋文；或雖無異體，而據古文字形與楷體釋文不相對應，依據《集韻》，斷定其正誤。

四十八感　三十七頁三行□□，「□」，誤，當爲「⿰鹵感」。《集韻》「⿰酉感⿰鹵感」爲異體。

五十候　四十七頁十五行□□，「□」，誤，當爲「⿰豆斤」。《集韻》「郖⿰豆斤」爲異體。

六脂　六頁十三行□□，「□」，誤，據《集韻》，當爲「汦」。

八、根據體例和《集韻》，改正部分的陳述。多個篆體僅有一個釋文，其他用「同上」表示。

四江　四頁七行[篆文]，《集韻》「[篆文]」爲異體，「[篆文]」，當改爲「同上」，應爲「[篆文]同上」。

二十四職　三十三頁七行[篆文]，《集韻》：「[篆文]」爲異體，「[篆文]」與「[篆文]」當爲異體，第二字頭「[篆文]」當改爲「同上」。

九、根據《集韻》，改正部分篆體與釋文的錯亂現象。由於傳鈔不慎等原因，導致部分篆體與釋文不能一一對應，現加以改正。如：

二十八翰　十八頁二——三行[篆文]，「[篆文]」，非「[篆文]」二字之篆體，當爲「犴」之篆體，「[篆文]」後奪字頭，當據補；「[篆文]」，非「鳱」之篆體，當爲「豻」之篆體；「[篆文]」，非「峸」之篆體，當爲「鳱」之篆體；「[篆文]」，非「幹」之篆體，當爲「峸」之篆體；「[篆文]」，非「旰」之篆體，當爲「幹」之篆體；「[篆文]」，非「䍐」之篆體，當爲「旰」之篆體；「[篆文]」，衍，當删。當改爲「[篆文]」。

注釋

〔一〕作者亦對清嘉慶元年（一七九六）項世英鈔本進行了查看和比對。項世英鈔本序與《永樂大典》序爲同一個版本系統，即十五卷本，而與宛委别藏五卷本不同。

參考文獻

陳鼓應二〇〇三　《老子注釋及評介》，中華書局。

丁度　《宋刻集韻》，中華書局一九八九。

郭子直二〇〇一　《記元刻古文〈老子〉碑兼評〈集篆古文韻海〉》，《古文字研究》第二十一輯，中華書局。

郭忠恕、夏竦編，李零、劉新光整理一九八三　《汗簡　古文四聲韻》，中華書局。

黄德寬、陳秉新二〇〇六　《漢語文字學史》，安徽教育出版社。

黄德寬二〇〇七　《古文字譜系疏證》，商務印書館。

黄錫全一九九〇　《汗簡注釋》，武漢大學出版社。

繆荃孫著，黄明、楊同甫標點二〇〇七　《藝風藏書記　藝風藏書續記》，上海古籍出版社。

寧忌浮二〇〇三　《洪武正韻研究》，上海辭書出版社。

阮元　《四庫未收書提要》，《四庫全書總目・附録》，中華書局一九六五。

徐在國二〇〇二　《隸定古文疏證》，安徽大學出版社。

徐在國二〇〇六　《傳抄古文字編》，綫裝書局。

徐在國、黄德寬二〇〇七　《古老子文字編》，安徽大學出版社。

張富海二〇〇七　《漢人所謂古文之研究》，綫裝書局。

張忱石一九八六　《永樂大典史話》，中華書局。

趙振鐸二〇〇六　《集韻研究》，語文出版社。

朱謙之一九六三　《老子校釋》，中華書局。

卷一　上平聲

一　東

一頁五——六行[篆][篆][篆][篆],「[篆][篆][篆]」對應的字頭分別爲「狪、⿰豸同、⿰巾同」,《集韻》「⿰豸同、狪、⿰豸同」三字爲異體。「狪」爲「[篆][篆]」之字頭，非「[篆]」之字頭,「[篆]」後奪字頭，據《集韻》，爲「⿰巾同」，當改爲「[篆][篆][篆][篆]⿰巾同」。

一頁十四行[篆][篆],「[篆]」誤，據《集韻》和篆體，當爲「蠪」。

一頁十五行[篆][篆],「[篆]」誤，當爲「髼」。《集韻》「髼⿰言逢」爲異體。

一頁十五行[篆][篆],「[篆]」誤，當爲「髼」。《集韻》「髼鬔」爲異體。

二頁二行[篆][篆][篆][篆],「[篆][篆][篆]」對應的字頭分別爲「⿱髟公⿱髟從⿱髟悤」,《集韻》東韻「⿱髟公鬆」爲異體、冬韻「⿱髟公鬆⿱髟悤」爲異體、鐘韻「⿱髟公鬆⿱髟從」爲異體。宛委本把三韻合於一韻，當分列。

二頁九行[篆][篆][篆],大典有十四個篆體，其中二個與宛委本同，且均有出處，卷四百八十九，終頁四二：[篆][篆]敦[篆]䜌鼎[篆][篆]仲鼎[篆]古孝經[篆]道德經[篆]古文[篆]古尚書[篆][篆]並絳碧落文[篆][篆][篆][篆]並集韻[篆]崔希裕纂古並見杜從古集篆古文韻海。宛委本當據補。

二頁九行[篆][篆][篆],大典有五個篆體，其中二個與宛委本同，且均有出處，卷四百九十，螽頁六十：[篆]石經[篆]

汗簡並集韻見杜從古集篆古文韻海。宛委本當據補。

「霥」，宛委本未見，大典有字頭、篆體和出處，卷四百九十，霥頁六二一：說文見杜從古集篆古文韻海。宛委本當據補。

二頁十二行，「」誤，當爲「鼜」。《集韻》「鼟鼜」爲異體。

三　鍾

三頁四行，「」誤，當爲「鐘」，《集韻》「鐘銿」爲異體。

三頁五行，「」誤，當爲「鍾」。《集韻》「鈡鍾」爲異體。

三頁五行，《集韻》「幢橦」爲異體，且「或作橦，通作」。「」與「」無關，衍，當刪。

三頁八行，，《集韻》「龍龒」爲異體，「」字衍，當刪，應與其後的四個篆體同用一個字頭「龍」。

三頁十行，大典字頭、篆體同，但有出處，卷五百四十，蓉頁八二：說文見杜從古集篆古文韻海。宛委本當據補。

「頌」，宛委本未見，大典有字頭、篆體和出處，卷五百四十，頌頁八一：古論語集韻史並見杜從古集篆古文韻海。宛委本當據補。

「溶」，宛委本未見，大典有字頭、篆體和出處，卷五百四十，溶頁八二：說文見杜從古集篆古文韻海。宛委本當據補。

三頁十二行，大典有十個篆體，其中四個與宛委本同，且均有出處，卷五百四十一，庸頁九六：

□石鼓文□□並秦詛楚文□王存乂切韻□□並同上□汗簡□義雲章□尚書古文□集韻並見杜從古集篆古文韻海。宛委本當據補。

三頁十五行□□，「□」，漫漶不清，當爲「雝」字； 大典有二個篆體，其中一個與宛委本同，且有出處，卷六百六十二，雍頁一九八： □□並集韻見杜從古集篆古文韻海。《集韻》「雝雍」爲異體。宛委本當據補。

「灉」，宛委本未見，大典有字頭、篆體，且有出處，卷六百六十一，灉頁一八四： □集韻杜從古集篆古文韻海。宛委本當據補。

「廱」，宛委本未見，大典有字頭、篆體，且有出處，卷六百六十二，廱頁一八五： □說文杜從古集篆古文韻海。宛委本當據補。

三頁十六行□□，大典有四個篆體，其中二個與宛委本同，且均有出處，卷六百六十二，饔頁一九五： □□並集韻杜從古集篆古文韻海。宛委本當據補。

「罋」，宛委本未見，大典有字頭、篆體，且有出處，卷六百六十二，罋頁一九六： □□並集韻杜從古集篆古文韻海。宛委本當據補。

三頁十六行□□，大典有二個篆體，其中一個與宛委本同，且均有出處，卷六百六十二，癰頁一九六： □□並集韻見杜從古集篆古文韻海。宛委本當據補。

三頁十六行□□，《集韻》：「鶅鷛」爲異體，大典字頭、篆體同，但有出處，卷六百六十二，鶅頁一九八： □集韻見杜從古集篆古文韻海。宛委本當據補。

「壅」，宛委本未見，大典有字頭、篆體，且有出處，卷六百六十二，壅頁一九八： □集韻見杜從古集篆古文韻海。宛委本當據補。

四頁一行[篆文]，大典字頭、篆體同，但有出處，卷六百六十二，⿰革雍頁一九九：[篆文]並集韻見杜從古集篆古文韻海。宛委本當據補。

四頁一行[篆文]，《集韻》「擁擘」爲異體，大典字頭、篆體同，但有出處，卷六百六十二，擁頁一九九：[篆文]集韻杜從古集篆古文韻海。宛委本當據補。

四頁一行[篆文]，「[篆文]」誤，當爲「顒」。《集韻》「騆顒」爲異體。

四頁二行[篆文]，「[篆文]」誤，據《集韻》，當爲「枀」，古文左下爲「禾」，而非「木」。

四　江

四頁六行[篆文]上[篆文]下[篆文]，與行文體例不合，當爲「[篆文]」。

四頁七行[篆文]，《集韻》「牕囱」爲異體，「[篆文]」，當改爲「同上」，應爲「[篆文]同上」。

五　支

四頁十一行[篆文]，「[篆文]」，漫漶不清，據《集韻》和篆體，當爲「鳷」。

四頁十三行[篆文]，「[篆文]」，非「[篆文]」之字頭，「[篆文]」後奪字頭，據《集韻》爲「籥」。當改爲「[篆文]籥[篆文]」。

五頁六行[篆文]，大典有四個篆體，其中一個與宛委本同，且均有出處，卷二千八百七，披頁一四三八：[篆文]古史記[篆文]石經[篆文]郭忠恕永安院殿記並見杜從古集篆古文韻海。宛委本當據補。

「攱」，宛委本未見，大典有字頭、篆體，且有出處，卷二千八百七，攱頁一四四一：[篆文]集韻見杜從古集篆古文韻海。宛委本當據補。

「⿰豸皮」，宛委本未見，大典有字頭、篆體，且有出處，卷二千八百七，⿰豸皮頁一四三九：□說文□古史記□石經並見杜從古集篆古文韻海。宛委本當據補。

五頁七行□□，「□」，誤，當爲「⿰女皮」。《集韻》「⿰扌能⿰女皮」爲異體。大典字頭、篆體同，但亦無出處，卷二千八百七，⿰女皮頁一四三九：□杜從古集篆古文韻海。

五頁七行□□，大典字頭、篆體同，但有出處，卷二千八百七，旇頁一四三九：□義雲章見杜從古集篆古文韻海。宛委本當據補。

「⿰耒皮」，宛委本未見，大典有字頭、篆體，亦無出處，卷二千八百七，⿰耒皮頁一四三九：□杜從古集篆古文韻海。宛委本當據補。

五頁七行□□□□，大典有五個篆體，其中二個篆體與宛委本同，且有出處，卷二千七百五十五，羆頁一四一五：□□並牧子文□□□並集韻見杜從古集篆古文韻海。宛委本當據補。

「鮍」，宛委本未見，《集韻》「鮍⿰魚披」爲異體，大典有字頭、篆體，且有出處，卷二千八百七，鮍頁一四四〇：□馬日磾集□集韻並見杜從古集篆古文韻海。宛委本當據補。

「⿱陂金」，宛委本未見，《集韻》「⿱陂金⿱波金」爲異體，大典有字頭、篆體，且有出處，卷二千八百七，⿱陂金頁一四四一：□集韻見杜從古集篆古文韻海。宛委本當據補。

五頁九行□□，大典有四個篆體，其中一個與宛委本同，其他三個中二個有出處，一個無。卷二千八百六，卑頁一四一七：□郭昭卿字指□張揖集□□並石經見杜從古集篆古文韻海。宛委本當據補。

五頁九行□□，「□」，誤，當爲「⿰耳盍」。《集韻》「⿰耳盍⿰耳監」爲異體。

「裨」，宛委本未見，大典有字頭、篆體，且有出處，卷二千八百六，裨頁一四二九：□古論語□說文□集韻並見杜從古集篆古文韻海。宛委本當據補。

□説文見杜從古集篆古文韻海。「錍」，宛委本未見，大典有字頭、篆體，且有出處，卷二千八百六，錍頁一四三〇：□說文見杜從古集篆古文韻海。宛委本當據補。

「椑」，宛委本未見，大典有字頭、篆體，且有出處，卷二千八百六，椑頁一四三〇：□説文見杜從古集篆古文韻海。宛委本當據補。

「羆」，宛委本未見，大典有字頭、篆體，且有出處，卷二千八百六，羆頁一四三〇：□並集韻見杜從古集篆古文韻海。宛委本當據補。

六　脂

六頁五行□，「□」後奪字頭「屍」，當據補。大典有三個篆體，其中一個與宛委本同，且有出處，卷九百十，屍頁八六〇七：□古論語□汗簡□古文並見杜從古集篆古文韻海。宛委本當據補。

六頁九行□□，「□」，誤，當爲「趑」，《集韻》「趑趀」爲異體。

六頁十三行□□，「□」，誤，據《集韻》和篆體，當爲「郗」。

六頁十三行□□，「□」，誤，據《集韻》和篆體，當爲「泜」。

七頁四行□，「□」後奪字頭，據《集韻》和篆體，當爲「飢」。

七頁四行□，「□」後奪字頭，據《集韻》和篆體，當爲「肌」。

七頁六行□□□□，大典有六個篆體，其中三個與宛委本同，且均有出處，卷二千八百七，丕頁一四三三：□集韻□□並王存乂切韻□□並鄭伯姬鼎□秦鐘並見杜從古集篆古文韻海。宛委本當據補。

七頁七行豾豾豾，大典字頭、篆體同，但亦無出處，卷二千八百七，豾頁一四三五：豾豾並杜從古集篆古文韻海。

七頁八行岯岯，大典字頭、篆體同，但亦無出處，卷二千八百七，岯頁一四三八：岯杜從古集篆古文韻海。

「秠」，宛委本未見，而大典有字頭、篆體，且有出處，卷二千八百七，秠頁一四三五：秠杜從古集篆古文韻海。宛委本當據補。

「駓」，宛委本未見，而大典有字頭、篆體，且有出處，卷二千八百七，駓頁一四三五：駓杜從古集篆古文韻海。宛委本當據補。

「鉟」，宛委本未見，而大典有字頭、篆體，且有出處，卷二千八百七，鉟頁一四三六：鉟杜從古集篆古文韻海。宛委本當據補。

「邳」，宛委本未見，而大典有字頭、篆體，且有出處，卷二千八百七，邳頁一四三六：邳杜從古集篆古文韻海。宛委本當據補。

「魾」，宛委本未見，而大典有字頭、篆體，且有出處，卷二千八百七，魾頁一四四〇：魾集韻見杜從古集篆古文韻海。宛委本當據補。

「髬」，宛委本未見，而大典有字頭、篆體，且有出處，卷二千八百七，髬頁一四四〇：髬集韻見杜從古集篆古文韻海。宛委本當據補。

七　之

七頁十三行疑疑𠤕𠤕𠤕同上，「疑」爲「疑」之字頭，非「𠤕𠤕𠤕」之字頭，據《集韻》，「𠤕𠤕𠤕」之字頭爲「𠤕」。

「同上」當改爲「㕥」。

七頁十四行囟糸緦，「緦」爲「糸」之字頭，非「囟」之字頭，《集韻》「恖緦」爲異體。「囟」，衍，當删。

八頁六行畞⿰米甾，「⿰米甾」，誤，當爲「緇」，《集韻》「緇畞」爲異體。

八頁八行芓滋，「滋」，非「芓」之字頭，「芓」後奪字頭，據《集韻》爲「芓」，當改爲「芓芓滋」。

九　魚

九頁三行初初刅同上，大典字頭、篆體同，但有出處，卷二千四百六，初頁一一二七：初伯碩父鼎刅義雲章並見杜從古集篆古文韻海。宛委本當據補。

九頁六行虘，「虘」後奪字頭，據《集韻》和篆體，當爲「䖒」。

九頁八行除，「除」後奪字頭，據《集韻》和篆體，當爲「除」。

十　虞

九頁十五行絑珠，「珠」，非「絑」之字頭，「絑」後奪字頭「絑」，當改爲「絑絑珠」。

十一　模

十頁三行壺壺壺同上，大典字頭、篆體同，但有出處，卷二千二百五十四，壺頁六六八：壺汗簡壺仲考壺並見杜從古集篆古文韻海。宛委本當據補。

十頁四行嵞塗，「塗」，誤，當爲「峹」，《集韻》「嵞峹」爲異體。

十頁五行梧梧，大典字頭、篆體同，但有出處，卷二千三百三十七，梧頁九四三：梧集韻見杜從古集篆古文韻海。宛委本當據補。

十頁六行烏烏烏烏，大典僅有二個篆體，卷二千二百四十五，烏頁一〇二一：烏雲臺碑烏義雲章並見杜從古集篆古文韻海，與宛委本一、三兩篆體同，但有出處。宛委本當據補。

十頁六行木觚，篆體奪「瓜」。字頭爲「觚」，《集韻》「柧通作觚」，即「柧觚」爲異體，「柧」的篆體當爲「柧」。

十五　灰

十一頁八行限隈，「隈」，誤，當爲「限」，《集韻》「限阬」爲異體。

十一頁九行縗縗，「縗」，非「縗」之字頭，「縗」後奪字頭，據《集韻》，當爲「縗」。

十一頁十三行珆鎚，「鎚」，誤，當爲「追」，《集韻》「追珆」爲異體。

十一頁十三行䨨塠，「塠」，誤，當爲「塠」，《集韻》「塠䨨」爲異體。

十二頁四行罍罍，「罍」，誤，當爲「罍」，《集韻》「罍罍」爲異體。

十二頁五行坯坯，大典字頭、篆體同，亦無出處，卷二千八百七，坯頁一四三三：坯杜從古集篆古文韻海。

十二頁六行胚胚，大典字頭、篆體同，亦無出處，卷二千八百七，胚頁一四三三：胚杜從古集篆古文韻海。

十二頁六行坏坏，大典有三個篆體，其中一個與宛委本同，但亦無出處，卷二千八百七，坯頁一四三四：坏坏坏並杜從古集篆古文韻海。宛委本當據補。

十二頁六行醅醅，大典字頭、篆體同，亦無出處，《集韻》「醅醅」爲異體，卷二千八百七，醅頁一四三四：醅杜從古集篆古文韻海。

十二頁六行[illegible]坏，「坏」，誤，當爲「坯」，《集韻》「坯伾」爲異體，大典篆體有二個，其中一個與宛委本同，但亦無出處，卷二千八百七，伾頁一四三五：[illegible][illegible]並杜從古集篆古文韻海。宛委本當據補。

十二頁八行[illegible]枚[illegible]同上，大典有二個篆體，僅一個與宛委本同，且有出處，卷二千八百七，枚頁一四四二：[illegible]古文[illegible]説文並見杜從古集篆古文韻海。宛委本當據補。

十二頁八行[illegible][illegible][illegible][illegible]梅，大典有六個篆體，其中四個與宛委本同，且均有出處，卷二千八百八，梅頁一四四七：[illegible][illegible]並集韻某同上本某字[illegible]古尚書[illegible][illegible]並説文見杜從古集篆古文韻海。宛委本當據補。

十六　咍

十二頁十二行[illegible]坎，「坎」，誤，當爲「欸」，《集韻》「欸改」爲異體。

十二頁十三行[illegible][illegible]，「[illegible]」，非「[illegible]」之字頭，「[illegible]」後奪字頭，據《集韻》，當爲「胲」。

十二頁十五行[illegible][illegible]，「[illegible]」，誤，篆體左爲「火」，據《集韻》和篆體，當爲「炱」。

十二頁十六行[illegible]萊，「萊」，非「[illegible]」之字頭，「[illegible]」後奪字頭，據《集韻》，當爲「睞」。

十三頁四行[illegible][illegible]才[illegible]材，「[illegible][illegible]」對應的字頭爲「才材」，「[illegible]」衍，删，當改爲「[illegible]才[illegible]材」。

十七　真

十四頁十三行[illegible][illegible][illegible]，「[illegible]」，爲「[illegible]」之字頭、非「[illegible]」之字頭，「[illegible]」後奪字頭「鳹」。《集韻》「[illegible]，或書作獻」，「鶞鳹」爲異體。當改爲「[illegible][illegible][illegible]鳹」。

十四頁十六行□□，「□」，誤，當爲「睶」，《集韻》「盹睶」爲異體。

十五頁一行□□□□，「□」，爲「□」之字頭、非「□□」之字頭，「□□」後奪字頭「醇」。《集韻》「蒓，通作蓴」、「醇酏醕」爲異體。　當改爲「□□□醇□同上」。

十五頁二——三行□□□□，「□」，爲「□」之字頭，非「□□」之字頭，「□」之字頭爲「惣」，「□」之字頭爲「脣」，《集韻》「惣忳」、「脣脗」爲異體。　「□□□□」，當改爲「□□□惣□脣」。

十五頁三行□□，「□」，誤，當爲「鶨」。　《集韻》「鶨䳦」爲異體。

十五頁十四行□□，「□」，誤，據《集韻》和篆體，當爲「膹」。

十五頁十六行□□，「□」，非「□」之字頭，「□」後奪字頭，據《集韻》當爲「蒤」。

十五頁六行□□□□，大典八個篆體，其中四個與宛委本同，且均有出處，卷三千五百八十六，遵頁二一一五〇：　□集韻□郭昭卿字指□汗簡有□□並義雲章□澤碧落文□□並王存乂切韻見杜從古集篆古文韻海。宛委本當據補。

十五頁七行□□，大典字頭同，篆體不同，且有出處，《集韻》「鶉蹲」爲異體，卷三千五百八十五，鶉頁二一一四九：　□說文見杜從古集篆古文韻海。　宛委本當據補。

十五頁七行□□，大典字頭、篆體同，亦無出處，卷三千五百八十六，僎頁二一一五一：　□杜從古集篆古文韻海。

十九　臻

十六頁五行榟亲，「亲」，誤，當爲「亲」。《集韻》「亲榟」爲異體。

二十　文

十六頁十一行鳻翁，「翁」，誤，當爲「𦐔」。《集韻》「鳻𦐔」爲異體。

二十一　欣

十七頁八——九行慬慬堇同上，「同上」，誤，當爲「堇」。《集韻》「堇堇」爲異體。

二十二　元

十七頁十五行褑袚，「袚」，誤，當爲「褑」，《集韻》「褑褤」爲異體。

十八頁一行暖暄，「暄」，誤，據《集韻》和篆體，當爲「暖」。

十八頁三行揭撁蹇，「撁」，誤，當爲「嬥」，《集韻》「揭嬥」爲異體；「蹇」，誤，當爲「蹇」。

二十三　魂

十八頁十一行憒餛忶，「憒」爲「忶」之篆體，「餛」，非「忶」之篆體；「餛」後奪字頭「䐊」。《集韻》「忶憒」、「䐊餛」爲異體。「憒餛忶」當改爲「憒忶餛䐊」。

十八頁十二行[篆][篆]，「[篆]」，誤，據《集韻》和篆體，當爲「𩏂」。

十九頁六行[篆][篆][篆][篆][篆][篆][篆][篆]，大典有九十五個篆體，其中有六個與宛委本同，且均有出處，卷三千五百八十二，鐏頁二一〇三：　[篆]龙敦[篆]牧敦[篆]父乙彝[篆]伯邵彝[篆]厚趠父齍[篆]伯椃虘敦[篆]㢈彝[篆]寶彝[篆]虢姜敦[篆]伯庶父敦[篆]師寏父敦[篆]彝蓋[篆]甗寶彝[篆]丁寶彝[篆]呂伯彝[篆]梓父癸彝[篆]寶尊彝[篆]同上[篆]文王彝[篆]季妘彝[篆]孟金父敦[篆][篆]並父丁寶彝[篆]父戊尊[篆]杜嬬簠[篆]伯戎彝[篆]古寶彝[篆][篆]並祖乙寶彝[篆]晉姜鼎[篆]公誠鼎[篆]木彝[篆]周卣[篆]叔寶彝[篆]高姜鬲[篆]乙鼎[篆]召公尊[篆]父癸卣[篆]諸旅鬲[篆]小子師彝[篆]邢敦[篆]䜌鼎[篆]父丁彝[篆]篆帶彝[篆]父癸方彝[篆]虢叔鬲[篆]同上[篆]叔段鬲[篆]米鬲[篆]朝事尊[篆]雁侯敦[篆]師淮父卣[篆]太史彝[篆]師臣彝[篆]父乙尊[篆]亞仲父乙彝[篆]古尊[篆]𨟻姬彝[篆]車馬父乙彝[篆]祖己甗[篆]祖己卣[篆]仲父鬲[篆]祖戊尊[篆]伯卣[篆]刀子廚彝[篆]父丁舉爵[篆][篆]並蜼尊[篆]古父丁彝[篆]父乙鼎[篆]乙公鼎[篆]父乙虎彝[篆][篆]鼄仲鼎[篆]敔敦[篆]木形父丁彝[篆]象彝[篆]父乙尊[篆]史張父敦[篆]隆叔鬲[篆]集韻[篆][篆][篆]並同上[篆]王維畫記[篆]廣韻[篆]古孝經[篆]石經[篆][篆]並古老子[篆]華嶽碑[篆]絳碧落文[篆]澤碧落文[篆][篆][篆]並汗簡見杜從古集篆古文韻海。宛委本當據補。宛委本「[篆]」爲大典所無。

十九頁八行[篆][篆]，「[篆]」，誤，當爲「弴」。《集韻》「張弴」爲異體。

十九頁八行[篆][篆]，「[篆]」，誤，當爲「蘈」。《集韻》「蓛蘈」爲異體。

十九頁九行[篆][篆]，大典有二個篆體，其中一個與宛委本同，亦無出處，卷三千五百八十六，啍頁二一五一：[篆][篆]並見杜從古集篆古文韻海。宛委本當據補。

「焞」，宛委本未見，大典有字頭、篆體，且有出處，卷三千五百八十六，焞頁二一五一：　[篆]張平子碑[篆]集韻並見杜從古集篆古文韻海。宛委本當據補。

十九頁九行[篆][篆]，《集韻》「憞敦」爲異體，大典字頭、篆體同，但有出處，卷三千五百八十六，憞頁二一五三：

集韻杜從古集篆古文韻海。宛委本當據補。

十九頁九行，《集韻》「⿰虫敦蜳」爲異體，大典字頭、篆體同，但有出處，卷三千五百八十六，⿰虫敦頁二一五三：集韻杜從古集篆古文韻海。宛委本當據補。

十九頁九行，大典字頭、篆體同，亦無出處，卷三千五百八十六，蟦頁二一五二：杜從古集篆古文韻海。

十九頁九行，大典字頭、篆體同，但有出處，卷三千五百八十六，涒頁二一五三：集韻見杜從古集篆古文韻海。宛委本當據補。

十九頁十行，「」誤，當爲「⿰月敦」。《集韻》「⿰月敦⿰月享」爲異體。「」爲「⿰月敦」之篆體，非後三字之篆體，後三字之篆體未見，大典有「屯、庉」二字之篆體，且有出處，卷三千五百八十六，屯頁二一五三：說文見杜從古集篆古文韻海；　卷三千五百八十七，庉頁二一七一：集韻見杜從古集篆古文韻海；「暾」，有二個篆體，其中一個與宛委本同，但亦無出處，卷三千五百八十六，暾頁二一五一：並見杜從古集篆古文韻海。宛委本當據補。

二十四　痕

十九頁十四行，大典有二個篆體，其中一個與宛委本同，且有出處，卷三千五百八十六，吞頁二一五二：澤碧落文古文並杜從古集篆古文韻海。宛委本當據補。

二十五　寒

二十頁三行奸肝乾乾奸肝竿，「乾乾」，非「奸肝竿」之篆體，篆體後奪字頭「乾」，當爲「奸肝奸乾乾乾肝竿」。

二十頁七行弓彈，篆體奪「弓」，字頭爲「彈」，《集韻》「彈弬」爲異體，「弬」的篆體當爲「弬」。

二十頁七行眹眹，「眹」，誤，據《集韻》和篆體，當爲「眹」。

二十頁九行糷糷，「糷」，誤，當爲「糷」。《集韻》「糷糷」爲異體。

二十頁九行爛爛，「爛」，誤，當爲「爛」。《集韻》「爤爛」爲異體。

二十六　桓

二十頁十二行狟狟，「狟」，誤，據《集韻》和篆體，當爲「狟」。

二十頁十二行桓瓛，「瓛」，誤，據《集韻》和篆體，當爲「桓」。

二十頁十三行萑莧，「莧」，爲「萑」之字頭，非「萑」之字頭，且十四行有「萑」，此處「萑」衍，當删。

二十一頁三行园抏，「抏」，誤，當爲「抏」。《集韻》「園抏」爲異體。

二十一頁六行蹣盤，「盤」，誤，當爲「磐」。《集韻》「砰磐」爲異體。

二十一頁七行槾槾，「槾」，誤，當爲「槾」。《集韻》「墁槾」爲異體。

二十一頁八行槾鏝，「鏝」，誤，據《集韻》和篆體，當爲「槾」。

二十一頁十行褍同上，「同上」，誤，據《集韻》和篆體，當爲「褍」或「褍」。

二十一頁十三行癵臀，「臀」，誤，當爲「臋」，《集韻》「癵臋」爲異體。

二十七　删

二十二頁二行[illegible][illegible]，「[illegible]」，誤，據《集韻》和篆體，當爲「㿏」。

二十八　山

二十二頁五行[illegible][illegible]，「[illegible]」，誤，當爲「彪」。《集韻》「彪虥」爲異體。

二十二頁七行[illegible][illegible]，「[illegible]」，誤，當爲「㿜」。《集韻》「㿜𤺧」爲異體。

二十二頁八行[illegible][illegible]，「[illegible]」，誤，當爲「𦏧」。《集韻》「羴𦏧」爲異體。

卷二　下平聲

一　先

一頁七行[篆]粘，「粘」，誤，當爲「黏」。《集韻》「戱黏」爲異體。

一頁九行[篆]嬪，「嬪」，誤，據《集韻》和篆體，當爲「瓆」。

一頁十行[篆]顛[篆][篆]同上，「顛」，誤，據《集韻》和篆體，當爲「趚」。「趚」，非「[篆][篆]」之字頭，「同上」，誤，「[篆][篆]」兩篆體後分別奪字頭，據《集韻》，當爲「厧、蹎」。

一頁十三行[篆]畋[篆]坃佃，「[篆]」非「坃、佃」之篆體，《集韻》「敾畋」爲異體。因此，「[篆]」後奪「同上」二字。

一頁十五行[篆]冷，「冷」，誤，當爲「泠」。《集韻》「鈃泠」爲異體。

一頁十六行[篆][篆]，「[篆]」，誤，當爲「經」。《集韻》「絙經」爲異體。

二頁四——五行[篆]煙[篆]同上燕，大典有五個篆體，其中二個與宛委本同，且有出處，卷四千九百八，煙頁八七九七：[篆]古文[篆]說文[篆]集韻[篆][篆]並崔希裕纂古見杜從古集篆古文韻海；「[篆]」等非「燕」之篆體，「燕」之篆體未見，而大典「燕」字有篆體，且有出處，燕頁八八〇一：[篆]汗簡見杜從古集篆古文韻海。宛委本當據補。

二頁四行[篆]鋗，「鋗」，誤，當爲「鉉」。《集韻》「鼏鉉」爲異體。

（「二仙」韻目奪，在「二頁八行」，當據補。）

二頁八行秈□，「□」，誤，當爲「秈」，《集韻》「秈籼」爲異體。

二頁十五行嗎嗎，「嗎」，誤，當爲「嗎」。《集韻》「嘜嗎」爲異體。

三頁五行棉傷，「傷」，誤，據《集韻》和篆體，當爲「棉」。

三頁六行□娽，「娽」，誤，當爲「□」。《集韻》「婂□」爲異體。

三頁六行宣同洹宣同□，《集韻》「宣□」爲異體，「□」當改爲「同上」；「洹」對應字頭爲「洹」，該字當位列桓韻，此處疑衍，删。

三頁七行銓詮，「詮」，誤，當爲「銓」。《集韻》「硂銓」爲異體。

三頁八行罬□，「□」，誤，據《集韻》和篆體，當爲「罬」。

三　蕭

四頁十三行遼遼，大典字頭、篆體同，亦無出處，卷五千二百四十四，遼頁二三一八：遼杜從古集篆古文韻海。

四頁十三行敹鏐敹，「敹」，爲「敹」之字頭，非「鏐」之字頭，「鏐」後奪字頭「鐐」，《集韻》「鏐鐐」爲異體。當改爲「敹敹鏐鐐」。

四頁十四行蟧，篆體「蟧」後奪字頭「蟟」，《集韻》「蟟蟧」爲異體，當據補。

四頁十四行敖敖，《集韻》「敖□」爲異體，大典字頭、篆體同，且有出處，卷五千二百六十八，敖頁二四一八：

𢾓集韻見杜從古集篆古文韻海。宛委本當據補。

四頁十五行乚么，「么」，誤，據《集韻》和篆體，當爲「幺」。

四頁十六行郻郻，大典字頭、篆體同，且有出處，卷五千二百六十八，郻頁二四一九：郻集韻見杜從古集篆古文韻海。宛委本當據補。

四頁十六行趬蹺，篆體奪「蹺」，字頭爲「蹺」，《集韻》「蹺趬」爲異體，「趬」的篆體當爲「趬」。

四頁十六行梟梟，據《集韻》和篆體，「梟」後奪字頭「梟」。

四　宵

五頁三行斛斛，《集韻》「斛鍫」爲異體，大典有四個篆體，其中一個與宛委本同，且有出處，卷五千二百六十八，鍫頁二四二〇：斛斛鍫鍫並集韻見杜從古集篆古文韻海。宛委本當據補。

五頁三行幧幧，大典有二個篆體，其中一個與宛委本同，且有出處，卷五千二百六十八，幧頁二四二〇：幧集韻並見杜從古集篆古文韻海。宛委本當據補。

五頁三行繰鍫，大典有三個篆體，其中一個與宛委本同，且有出處，卷五千二百六十八，繰頁二四二〇：繰集韻繰同上並見杜從古集篆古文韻海。宛委本當據補。

五頁四行茮蕉膲鐎椒椒，「茮」，非「蕉」等字之篆體，「茮」後奪字頭「茮」，當據補；《集韻》「茮椒」爲異體，兩篆體的字頭當爲一個，「椒」當改爲「同上」。

五頁五行萩荻，「荻」，誤，當爲「萩」。《集韻》「萩菽」爲異體。

五頁十行穮穮，「穮」，誤，當爲「穮」。《集韻》「穮穮」爲異體。

五頁十二行佁佁,「佁」,誤,當爲「佋」。《集韻》「卲佋」爲異體。

六頁一行鞫鞠,「鞠」,誤,當爲「鞫」。《集韻》「匋鞫」爲異體。

六頁二行褸褸,大典字頭、篆體同,但有出處,卷五千二百六十八,褸頁二四〇七: 褸集韻見杜從古集篆古文韻海。宛委本當據補。

六頁二行鷜鷜,大典字頭、篆體同,但有出處,卷五千二百六十八,鷜頁二四〇六: 鷜集韻見杜從古集篆古文韻海。宛委本當據補。

六頁三行祆祅天,《集韻》「祆祅」爲異體,「祆」爲「祅」之篆體,非「天」之篆體。「天」之篆體未見,而大典「祆、天」二字均有篆體,卷五千二百六十八,祆頁二四〇二: 祆杜從古集篆古文韻海,與宛委本同,但亦無出處; 天頁二四〇二: 天古論語天說文見杜從古集篆古文韻海。宛委本當據補。

六頁三行訞詄,《集韻》「訞詄」爲異體,大典有二個篆體,其中一個與宛委本同,且有出處,卷五千二百六十八,訞頁二四〇六: 訞古老子訞同上並見杜從古集篆古文韻海。宛委本當據補。

六頁五行趫趫,大典字頭、篆體同,且有出處,卷五千二百六十八,趫頁二四〇八: 趫集韻見杜從古集篆古文韻海。宛委本當據補。

六頁五行橇橇,大典有二個篆體,其中一個與宛委本同,且有出處,卷五千二百六十八,橇頁二四〇八: 橇集韻橇同上並見杜從古集篆古文韻海。宛委本當據補。

六頁五行繑憍,《集韻》「憍繑」爲異體,大典字頭、篆體同,但有出處,卷五千二百六十八,繑頁二四一九: 繑集韻見杜從古集篆古文韻海。宛委本當據補。

六頁五——六行憍驕驕同上驕憍,《集韻》「憍通作驕」。字頭「憍」當改爲「同上」。

六頁五行蹻趬，「趬」，誤，當爲「蹻」，《集韻》「蹻趬」爲異體。

六頁六行蕎喬，「蕎」，非「喬」之篆體，據《集韻》和篆體，「蕎」後奪字頭，當爲「蕎」。

六頁六行僑僑，「僑」，非「僑」之篆體，據《集韻》和篆體，「僑」後奪字頭，當爲「僑」。

五　爻

六頁八行爻爻餚同上，「同上」，誤，當爲「肴」。《集韻》「肴餚」爲異體，「餚爻」非異體。

六頁九行茭郊殽爻爻同上，「郊」，誤，據《集韻》，當爲「茭」；「同上」，誤，據《集韻》，當爲「郊」。

六頁十一行顟膠，「膠」，誤，當爲「膠」，《集韻》「顟膠」爲異體。

六頁十一行謼詨，《集韻》「詨謼」爲異體，「謼」爲「謼」之篆體，「謼」右下爲「乎」，而非「八」，「謼」，誤，當爲「謼」。

六頁十五行犛犛，「犛」，誤，據《集韻》和篆體，當爲「犛」。

七頁三行轈轈，「轈」，誤，當爲「轈」。《集韻》「轈轈」爲異體。

七頁四行爒爒，「爒」，誤，當爲「爒」。《集韻》「爒爒」爲異體。

六　豪

七頁十行槔槔槔悍，《集韻》「槔槔」爲異體，後一字頭「悍」當改爲「同上」。

七頁十行槔悍，《集韻》「悍悍」爲異體，「悍」左亦爲「心」旁，而篆體「槔」左爲「木」旁，誤，當爲「心」旁，即「悍」。

七頁十一行雗翰，「翰」，誤，當爲「鶾」，《集韻》「鶾雗」爲異體。

七頁十一行炎燋，「燋」，誤，當爲「爊」。《集韻》「烄爊」爲異體。

七頁十三行[illegible]𩰫，「𩰫」，誤，當爲「𩰫」。《集韻》「槷𩰫」爲異體。

八頁四行㽞畱，「畱」，誤，當爲「畱」，《集韻》「畱㽞」爲異體。

八頁七行車轑，「轑」爲篆體之字頭，「車」，非字頭「轑」之篆體，篆體奪「尞」，當爲「轑」。

七　歌

八頁十二行吪哦，「哦」，誤，當爲「哥」。《集韻》「哥吪」爲異體。

八頁十三行奇訶，「奇」，非「訶」篆體，據《集韻》和篆體，「奇」後奪字頭，當爲「岢」。

八頁十五行抲荷苛痾，「抲」，非「荷苛痾」之篆體，據《集韻》和篆體，「抲」後奪字頭，當爲「抲」。

八頁十五行䫊俄，「俄」，非「䫊」之字頭，「䫊」後奪字頭，據《集韻》，當爲「䫊」。

八頁十五行山峩，「山」，非「峩」之篆體，篆體奪「我」，當爲「峨」。

八頁十六行隹鵝，「隹」，非「鵝」之篆體，篆體奪「我」，當爲「䳘」。

九頁一行𩢍𩢍仌同上，《集韻》「𩢍[illegible]」爲異體，「仌」當爲「𩢍」之篆體而奪，當爲「𩢍」。

九頁三行暛暛同上，「同上」，誤，當爲「暛」。《集韻》「暛暛」非異體。

九頁四行蓑蓑，「蓑」，誤，當爲「[illegible]」。《集韻》「蓑蓑」爲異體。

九頁六行拕柁，「柁」，誤，據《集韻》和篆體，當爲「拕」。

八　戈

九頁十三行[篆]𣂁，「𣂁」，誤，當爲「𩰬」。《集韻》「𩰬鬲」爲異體。

九頁十六行[篆]餘，篆體奪，據《集韻》和篆體，當爲「[篆]」。

十頁一行[篆]吪，篆體奪，《集韻》「吪䳄」爲異體，字頭「吪」之篆體當爲「[篆]」。

十頁三行[篆]陂，「陂」，誤，當爲「坡」。《集韻》「坡岥」爲異體。

十頁五行[篆]𠲿，「𠲿」，誤，當爲「贏」。《集韻》「贏驘」爲異體。

十頁七行[篆]𣄢，「𣄢」，誤，當爲「𠾧」。《集韻》「吙𠾧」爲異體。

十頁七行[篆]𧭴，「𧭴」，誤，當爲「譒」。《集韻》「諳譒」爲異體。

九　麻

十頁十二行[篆]𩏃[篆]同上，「同上」，誤，據《集韻》，當爲「叉」。「叉」與「𩏃」非異體。

十一頁一行[篆]𨔑，「𨔑」，誤，當爲「蕸」。《集韻》「蕸葭」爲異體。

十一頁四行[篆]𣐈，「𣐈」，誤，當爲「枷」。《集韻》「枷枷」爲異體。

十一頁十一行[篆]郃，篆體右奪「[篆]」，《集韻》「郃郃」爲異體，篆體當爲「[篆]」。

十一頁十二行[篆]嗟，「嗟」，誤，據《集韻》，當爲「䑩」。「䑩」與「嗟」非異體。

十一頁十二行[篆]𡟐，《集韻》「𡟐怚」爲異體，「[篆]」楷化字頭當爲「姐」，非麻韻字，「[篆]」，誤，「怚」之篆體爲「[篆]」，當爲「[篆]𡟐」。

十一頁十三行□茀,「茀」,誤,當爲「蔛」。《集韻》「蔛䓉」爲異體,而「茀」與「䓉」非異體。

十一頁十四行□諸,「諸」,誤,當爲「譇」。《集韻》「譇諸」爲異體。

十一頁十六行□撇□枒,兩篆體完全相同,而字頭不同,《集韻》麻韻無「檄」字,有「撇」字,「枒」之篆體爲「□」,是;「□撇」篆體、字頭均誤,當爲「□撇」。

十一頁十六行□伙,「伙」,誤,據《集韻》,當爲「欱」。

十　陽

十二頁四行□羊……□鍚,「□」,非「羊」之篆體,字頭「羊」疑誤。《集韻》「錫鍚」爲異體,「□」與「□」,除結構不同外,楷化後當分別與「錫鍚」對應,「□」當爲「錫」之篆體。「□羊……□鍚」當改爲「□鍚□同上」。

十二頁五行烊鴹,「鴹」,誤,當爲「煬」。《集韻》「烊煬」爲異體。

十二頁五行□咩,「咩」,誤,當爲「眻」。《集韻》「咩眻」爲異體。

十二頁七行□□坊祊,「□」爲「坊」之篆體,「□」爲「汸」之篆體,非「祊」之篆體,「□」奪字頭「汸」,當改爲「□坊□汸祊」。

十二頁十二行□蹡,據《集韻》,篆體右奪「□」,字頭「蹡」之篆體當爲「□」。

十二頁十二行□鴋,「鴋」,誤,當爲「鴹」,《集韻》「鴹鶬」爲異體。

十二頁十六行□傷,「□」,非「傷」之篆體,「□」後奪字頭,據《集韻》和篆體,當爲「鴹」。

「妝」,宛委本未見,大典有五個篆體,且有出處,卷六千五百二十三,妝頁二五九〇:□隆叔鬲□説文□□並集韻見杜從古集篆古文韻海。宛委本當據補。

十三頁六行[illegible][illegible]，「[illegible]」，誤，當爲「鬤」，《集韻》「鬤毴」爲異體。

十三頁八行[illegible][illegible]，篆體誤，其下不當爲「[illegible]」，當爲「[illegible]」，大典是，且有出處，卷六千五百二十三，裝頁二五九

三：[illegible]集韻見杜從古集篆古文韻海。宛委本當據改、據補。

十三頁九行[illegible][illegible]，據《集韻》，篆體右奪「[illegible]」，字頭「粻」之篆體當爲「[illegible]」。

十三頁十四行[illegible][illegible]，「[illegible]」，誤，當爲「蛲」。《集韻》「蛲[illegible]」爲異體。

十四頁一行[illegible][illegible][illegible][illegible]，「[illegible]」，非「鈌」等字的篆體，據《集韻》和篆體，「[illegible]」後奪字頭「鴦」，當據補。

十一　唐

十四頁五行[illegible][illegible][illegible][illegible][illegible]，「[illegible]」非「[illegible]」之篆體，爲「駚」之篆體。《集韻》「唐駚」爲異體，篆體「[illegible]」後奪「同上」，當據補。

十四頁九行[illegible][illegible]，據《集韻》，篆體下奪「[illegible]」，字頭「廊」之篆體當爲「[illegible]」。

十四頁十行[illegible][illegible]，篆體下奪「[illegible]」，《集韻》「㝗[illegible]」爲異體，字頭「㝗」之篆體當爲「[illegible]」。

十四頁十四行[illegible][illegible][illegible]同上，大典有五個篆體，其中二個與宛委本同，且均有出處，卷七千五百六，倉頁三三四

二：[illegible]古老子[illegible][illegible]並汗簡[illegible]古尚書[illegible]王維恭黃庭堅見杜從古集篆古文韻海。宛委本當據補。

十四頁十五行[illegible][illegible]，大典有二個篆體，其中一個與宛委本同，且均有出處，卷七千五百十八，蒼頁三四八

二：[illegible]古文[illegible]林罕集並見杜從古集篆古文韻海。宛委本當據補。

十四頁十五行[illegible][illegible]，大典有五個篆體，其中一個與宛委本同，且均有出處，卷七千五百十八，滄頁三四八

三：[illegible][illegible][illegible]並集韻[illegible][illegible]並古尚書見杜從古集篆古文韻海。宛委本當據補。

「鶬」，宛委本有字頭(見上)，未見篆體；　大典有字頭、篆體和出處，卷七千五百十八，鶬頁三四八三：　[篆]集韻見杜從古集篆古文韻海。宛委本當據補。

「篬」，宛委本未見，大典有字頭、篆體和出處，卷七千五百十八，篬頁三四八三：　[篆]見杜從古集篆古文韻海。宛委本當據補。

十四頁十五行[篆]戕，「戕」，誤，當爲「牂」。《集韻》「牂羘」爲異體。

十五頁二行[篆]網，「[篆]」，誤，當爲「[篆]」，與楷體「松」相對應。《集韻》「網松」爲異體。

十五頁三行[篆][篆]，「[篆]」，誤，當爲「瓬」。《集韻》「瓬甌」爲異體。

十五頁四行[篆][篆]，「[篆]」，誤，當爲「翃」。《集韻》「昕翃」爲異體。

十五頁六行[篆][篆]，「[篆]」，誤，當爲「瓶」。《集韻》「甁瓶」爲異體。

十五頁十行[篆][篆]同上，據《集韻》，「[篆]」後奪字頭「篁」，當據補。

十五頁十三行[篆][篆]，「[篆]」，誤，當爲「佂」，《集韻》「佂⿺走正」爲異體。

十二　庚

十六頁七行[篆][篆]，「[篆]」，誤，據《集韻》，當爲「寬」。

十六頁七行[篆][篆]，「[篆]」，誤，當爲「撐」，《集韻》「撐摚」爲異體。

十六頁八行[篆]兵[篆][篆]同上，大典有六個篆體，其中二個與宛委本同，均有出處，卷八千二百七十五，兵頁三八五六：　[篆]古孝經[篆][篆]並古老子銘[篆][篆]並義雲章[篆]古文並見杜從古集篆古文韻海。宛委本當據補，但「[篆]」爲大典所無。

十六頁十一行生同星，「生」後奪字頭，據《集韻》和篆體，爲「生」；「同」後奪「同上」，當據補。

十三　耕

十七頁三行硍硍，「硍」誤，當爲「硍」。《集韻》「硍硍」爲異體。

十七頁七行軥轟，「軥」，誤，《集韻》「軥轟」爲異體，篆體左當爲「車」，而非「革」，應爲「軥」。

十七頁八行謍嶝，「嶝」奪「言」，《集韻》「謍嶝」爲異體，字頭當爲「謍」。

十七頁十行朾揨，「朾」誤，當爲「朾」。《集韻》「朾揨」爲異體，「朾」相對應之篆體當爲「朾」，非「朾」。

十四　清

十七頁十四行旌，「旌」後奪字頭「旌」，當據補。《集韻》「旌旍」爲異體。

十八頁二行征征，大典字頭、篆體同，《集韻》「征怔」爲異體，但有出處，卷八千二十一，怔頁三七四一：征集韻見杜從古集篆古文韻。宛委本當據補。

十八頁三行成成成成，大典有十七個篆體，其中三個與宛委本同，且均有出處，卷八千二十二，成頁九〇一〇：成厚趠父鼎成季妘彝成成並敔敦成秦詛楚文成成並秦權成古孝經成古老子成王庶子碑成成並唐韻成蓮勺宮鼎盤成度世古元歌成絳碧落文成澤碧落文成古文並見杜從古集篆古文韻海。宛委本當據補。

十八頁三行成成，「成」，誤，據《集韻》，當爲「成」。

十五　青

十八頁十三行形，大典有五個篆體，其中一個與宛委本同，且有出處，卷七千七百五十六，形頁八九八四：並古老子說文並華嶽碑見杜從古集篆古文韻海。宛委本當據補。

十八頁十六行停，據《集韻》和字頭，篆體奪，當爲「」。

十八頁十六行莛，據《集韻》和字頭，篆體奪，當爲「」。

十九頁一行訂，大典字頭、篆體同，但有出處，卷七千八百九十五，訂頁三六七六：集韻並見杜從古集篆古文韻海。宛委本當據補。

十九頁二行仃，「仃」，誤，當爲「行」。《集韻》「𧿒行」爲異體。

十九頁三行馨，大典有三個篆體，其中一個與宛委本同，且有出處，卷七千八百九十五，馨（《洪武正韻》：「馨𩡧」同）頁三六七八：並義雲章說文並見杜從古集篆古文韻海。宛委本當據補。

十九頁三行腥，「腥」，誤，據《集韻》和篆體，當爲「勝」。

十九頁七行𩴾，《集韻》「覭𩴾」爲異體，篆體應與「覭」相對應，篆體右奪「」，當爲「」。

十九頁八行軨，《集韻》「軨𨏌」爲異體，篆體應與「𨏌」相對應，篆體左奪「」，當爲「」。

十九頁八行昤，「昤」，誤，當爲「昤」。《集韻》「曨昤」爲異體。

十九頁十一行洴，據《集韻》和字頭，篆體右奪「」，當爲「」。

十九頁十二行螟，據《集韻》和字頭，篆體右奪「」，當爲「」。

十九頁十二行溟，據《集韻》和字頭，篆體下奪「」，當爲「」。

十九頁十三行獏，據《集韻》和字頭，篆體右奪「」，當爲「」。

十九頁十四行綎䩉，《集韻》「綎䩉」爲異體，「䩉」當改爲「同上」。大典篆體同，且有出處，卷七千八百九十五，䩉頁三六七五：䩉䩉並集韻並見杜從古集篆古文韻海。宛委本當據補。

十九頁十四行綎䩉，《集韻》「綎䩉」爲異體，「䩉」當改爲「同上」。

十九頁十四行汀，《集韻》「汀玎」爲異體，大典篆體有三個，其中一個與宛委本同，卷七千八百八十九，玎頁三六〇七：說文並集韻並見杜從古集篆古文韻海。宛委本當據補。

二十頁一行駉同上，「」之字頭爲「耿」，《集韻》「駉」與「耿」非異體，「同上」當改爲「耿」。

二十頁二行駫，據《集韻》和字頭，篆體左奪「」，當爲「」。

二十頁二行絅，「絅」，誤，據《集韻》，當爲「絅」。

十六　蒸

二十頁四行烝，大典有二個篆體，其中一個與宛委本同，且有出處，卷八千二十一，烝頁三七三八：師偃敦說文見杜從古集篆古文韻海。宛委本當據補。

二十頁四行胥，大典字頭、篆體同，但有出處，卷八千二十一，胥頁三七四一：說文見杜從古集篆古文韻海。宛委本當據補。

二十頁七行陵同上，「」對應的字頭爲「淩」，《集韻》「陵」與「淩」非異體，「同上」當改爲「淩」。

二十頁七行綾，據《集韻》和字頭，篆體右奪「」，當爲「」。

二十頁九——十行興同上，篆體下奪「」，當爲「」。大典有四個篆體，其中一個與宛委本同，且均有出處，卷七千八百九十五，興頁三六八〇：□秦詛楚文□説文□義雲章□石經遺字並見杜從古集篆古文韻海。宛委本當據補。

二十一頁二行□□□□，《集韻》「繒綷」爲異體，「□」未見，若「□」與「□」爲異體，「□」後字頭「□」當改爲「同上」。

二十一頁二行□□，《集韻》「橧𤞍」爲異體，篆體右奪「□」，當爲「□」。

二十一頁三行□徵□同上，「□」相對應的字頭爲「御」。《集韻》「御」與「徵」非異體，「同上」當改爲「御」。

十七　登

二十一頁六行□□，「□」，誤，據《集韻》和篆體，當爲「簦」。

二十一頁六行□□，據《集韻》和字頭，篆體下奪「□」，當爲「□」。

二十一頁七行□□，據《集韻》和字頭，篆體下奪「□」，當爲「□」。

二十一頁七行□□，據《集韻》和字頭，篆體奪「□」，當爲「□」。

二十一頁九行□□□崚□□□，「□」爲「棱」之篆體，非「僧」等字篆體，「僧」等字篆體未見，而大典「僧」字有篆體，且有出處，卷八千七百六，僧頁四〇一七：□集韻見杜從古集篆古文韻海。宛委本當據補。

二十一頁十行□增憎，「□」，非「增憎」兩字之篆體，據《集韻》，篆體後奪字頭「譄」，當據補。

二十一頁十一行□□，「□」，誤，據《集韻》和篆體，當爲「磳」。

二十一頁十二行□□，「□」，誤，當爲「蔥」，《集韻》「蔥萌」爲異體。

二十二頁四行芺，篆體後奪字頭「鄯」，當據補。《集韻》「芺鄯」爲異體。

二十二頁十一行斗斗，「斗」，非「斗」之篆體，篆體後奪字頭，待考。

二十二頁十二行稄稄稄稄，《集韻》「稄稄」爲異體，「稄」當改爲「同上」。

二十二頁十三行由由冋同上油，「由」爲「由」之篆體，非「油」之篆體，「油」之篆體未見，而大典「油」字有篆體，且有出處，卷八千八百四十一，油頁四〇三二：油集韻見杜從古集篆古文韻海。宛委本當據補。

「抭」，宛委本未見，而大典有字頭、篆體，且有出處，卷八千八百四十一，抭頁四〇三九：抭說文見杜從古集篆古文韻海。宛委本當據補。

二十二頁十五行斿斿，大典有四個篆體，其中一個與宛委本同，且均有出處，卷八千八百四十一，斿頁四〇四〇：斿說文斿石鼓文游斿並集韻見杜從古集篆古文韻海。宛委本當據補。

二十二頁十五行遊游，大典有十個篆體，其中一個與宛委本同，且均有出處，卷八千八百四十三，游頁四〇四一：遊古文遊古尚書遊郭昭卿字指遊斿並雲臺碑遊遊並崔希裕纂古遊游並集韻遊古老子並見杜從古集篆古文韻海。宛委本當據補。

二十三頁一行蕕蕕，大典字頭、篆體同，但有出處，卷八千八百四十一，蕕頁四〇三八：蕕集韻見杜從古集篆古文韻海。宛委本當據補。

二十三頁二行蘇蘇，大典字頭、篆體同，但有出處，卷八千八百四十一，蘇頁四〇三九：蘇說文見杜從古集篆古文韻海。宛委本當據補。

二十三頁二行□□，大典字頭、篆體同，但有出處，卷八千八百四十一，逌頁四〇四〇：□古文見杜從古集篆古文韻海。宛委本當據補。

二十三頁三行□□，大典字頭、篆體同，但有出處，《集韻》「鮋鰌」爲異體，卷八千八百四十一，鰌頁四〇四〇：□集韻見杜從古集篆古文韻海。宛委本當據補。

二十三頁三行□□，「□」，非「□」之篆體，據《集韻》，篆體後奪字頭「櫾」，當據補。

二十三頁八行□□，據《集韻》和字頭，篆體右奪「□」，當爲「□」。

二十三頁八行□□□□，《集韻》「瀏流」爲異體，後一個字頭「流」當改爲「同上」。

二十三頁八行□□，據《集韻》字頭，篆體右奪「□」，當爲「□」。

二十三頁十——十一行□□□□同上，「□」對應的字頭爲「駵」。《集韻》「駵騮」爲異體，「□」與「駵」非異體，「同上」當改爲「駵」。

二十三頁十一行□□，「□」，誤，當爲「騮」。《集韻》「騮駵」爲異體。

二十三頁十三行□□，《集韻》「楸橚」爲異體，篆體左奪「□」，當爲「□」。

二十三頁十四行□□，「□」，誤，據《集韻》和篆體，當爲「醔」。

二十三頁十五行□□，篆體右奪「□」，當爲「□」。《集韻》「傮嘈」爲異體。

二十四頁一——二行□□，「□」，誤，據《集韻》和篆體，當爲「周」。

二十四頁六行□□，篆體右奪「□」，當爲「□」。《集韻》「鱐鱐」爲異體。

二十四頁八行□□□□□同上，「□」與「□」等非異體，據《集韻》，「同上」誤，當爲「騶」。

十九　侯

二十四頁十四行[篆]侯[篆][篆][篆]同上[篆]猴[篆][篆]，「[篆]」與「[篆]」「[篆]」爲異體，「[篆]」爲「猴」之篆體，「[篆]」與「[篆]」爲異體，爲「猴」之篆體，當改爲「[篆]侯[篆][篆]同上[篆]猴[篆]猴猴[篆]同上」。

二十五頁四行[篆]糯，「糯」，誤，據《集韻》和篆體，當爲「糯」。

二十五頁九行[篆]椒，「椒」，誤，據《集韻》和篆體，當爲「椒」。

二十五頁十一行[篆]𪘏，「𪘏」，誤，當爲「齵」。《集韻》「齵齺」爲異體。

二十一　侵

二十六頁五行[篆]宊，「宊」，誤，據《集韻》和篆體，當爲「突」。

二十六頁七行[篆]森，「森」，誤，據《集韻》和篆體，當爲「罧」。

二十六頁八行[篆]椮[篆]蓡，「蓡」，誤，據《集韻》和篆體，當爲「蔘」，《集韻》「蔘椮」爲異體，「蔘」當改爲「同上」。

二十六頁八行[篆]先，「先」，誤，據《集韻》和篆體，當爲「兂」。

二十六頁十一行[篆]穎，「穎」，誤，當爲「欽」。《集韻》「欽鈙」爲異體。

二十六頁十二行[篆]淫，「淫」，誤，據《集韻》和篆體，當爲「淫」。

二十六頁十三行[篆]婬，「婬」，誤，據《集韻》和篆體，當爲「婬」。

二十六頁十六行[篆]唫，「唫」，誤，據《集韻》和篆體，當爲「唫」。

二十七頁六行[篆]鵭，據《集韻》和字頭，篆體右奪「隹」，當爲「[篆]」。

二十二　覃

二十七頁九行□，「□」，誤，當爲「壜」。《集韻》「壜墰」爲異體。

二十七頁九行□，「□」，誤，當爲「欿」。《集韻》「炊欿」爲異體。

二十七頁十三行□，「□」，非「□」之篆體，「□」後奪字頭，據《集韻》，當爲「撍」。

二十七頁十三行□，據《集韻》和字頭，篆體下奪「□」，當爲「□」。

二十七頁十四行□，大典有二個篆體，其中一個與宛委本同，且有出處，卷九千七百六十二，涵頁四一八五：□並集韻見杜從古集篆古文韻海。宛委本當據補。「□」，非「□」之篆體，二字之篆體宛委本未見，但「□」之篆體，大典有，且有出處，卷九千七百六十二，涵頁四一八六：□集韻見杜從古集篆古文韻海。宛委本當據補。

二十七頁十五行□，據《集韻》和字頭，篆體右奪「□」，當爲「□」。

二十三　談

二十八頁二行□澹，《集韻》「淡澹」爲異體，篆體右奪「炎」，當爲「□」。

二十八頁三行□，《集韻》「襤繿」爲異體，篆體右奪「□」，當爲「□」。

二十八頁三行□，《集韻》「懢嚂」爲異體，篆體右奪「□」，當爲「□」。

二十四　鹽

二十八頁十二行□，「□」，誤，當爲「恖」。《集韻》「恖恖」爲異體。

二十八頁十三行熷焟，「焟」，誤，據《集韻》和篆體，當爲「熷」。

二十八頁十四行裧襜，「襜」，誤，當爲「幨」。《集韻》「裧幨」爲異體。

二十八頁十四行緂絨，「絨」，誤，據《集韻》和篆體，當爲「緂」。

二十八頁十五——十六行毻毻須同上，《集韻》「毻䨱」爲異體，篆體「須」下奪「毛」，當爲「須毛」。

二十八頁十六行舺艦，《集韻》「艦舺」爲異體，篆體右奪「甲」，當爲「舺」。

二十九頁二行燫同上，《集韻》「燫熑」爲異體，「燫」上未見「熑」之篆體，「同上」誤，當改爲「熑」。

二十九頁四行拈拑，「拑」，誤，當爲「拈」。《集韻》「敁拈」爲異體。

二十五　添

二十九頁九行帆㠶，「㠶」，誤，當爲「㡆」。《集韻》「䘈㡆」爲異體。

二十七　咸

二十九頁十四行咸咸感咸諴，「咸」等爲「咸」之篆體，非「諴」之篆體，大典「諴」字有篆體，且有出處，卷九千七百六十二，諴頁四一八一：諴古尚書見杜從古集篆古文韻海。宛委本當據補。

二十九頁十四行鹹鹹，大典字頭、篆體同，但有出處，卷九千七百六十二，鹹頁四一八一：鹹義雲章見集篆古文韻海。宛委本當據補。

二十九頁十四行函函械椷，《集韻》「函鋡椷」爲異體，《廣韻》「椷椷」爲異體，《洪武正韻》「函椷」爲異體，大典有四個篆體，其中二個與宛委本同，且均有出處，卷九千七百六十二，椷頁四一八二：函南嶽碑椷鋡械並集韻見杜從古集篆古文韻海。宛委本當據補。

二十九頁十五行，大典字頭、篆體同，但有出處，卷九千七百六十二，喦頁四一八九：古文見杜從古集篆古文韻海。宛委本當據補。

二十九頁十五行，大典字頭、篆體同，但有出處，卷九千七百六十二，碞頁四一八九：古尚書見杜從古集篆古文韻海。宛委本當據補。

二十九頁十六行，「」，誤，當爲「蠘」。《集韻》「蠊蠘」爲異體。

二十八　銜

三十頁三行，大典有三個篆體，其中一個與宛委本同，且有出處，卷九千七百六十二，銜頁四一八六：並集韻古文並見杜從古集篆古文韻海。宛委本當據補。

三十頁三行，大典字頭、篆體同，但有出處，卷九千七百六十二，嗛頁四一八八：古文見杜從古集篆古文韻海。宛委本當據補。

三十頁三行，大典有五個篆體，其中一個與宛委本同，且均有出處，卷九千七百六十二，巖頁四一九〇：並義雲章石經並集韻見杜從古集篆古文韻海。宛委本當據補。

二十九　凡

三十頁七行，《集韻》「䭵颿」爲異體，篆體右奪「」，當爲「」。

三十頁八行，「」，誤，當作「舥」。《集韻》「椛舥」爲異體。

卷三　上聲

一　董

一頁四行□□□□□□，大典有十六個篆體，其中五個與宛委本同，且均有出處，卷一萬三千八十二，動頁五六三七：□□□並古論語□□□並老子□□□並古尚書□裴光遠集綴□陰符經□□□並古文□□並汗簡見杜從古集篆古文韻海。宛委本當據補。

一頁七行□□，「□」，誤，據《集韻》和篆體，當爲「矇」。

一頁九行□□，「□」，誤，據《集韻》和篆體，當爲「⿰犭叕」。

一頁十行□□，「□」，誤，據《集韻》和篆體，當爲「熜」。

一頁十三行□□，「□」，誤，當爲「⿰冋攵」。《集韻》「⿰貝同⿰冋攵」爲異體。

二　腫

二頁三行□□，「□」，非「□」之字頭，篆體後奪字頭，據《集韻》，當爲「慫」。

二頁四行□□□同上□□□□，《集韻》「捧奉」爲異體，「□」當刪，「同上」當後移至「□」的位置。

二頁七行□□，「□」，誤，當爲「勈」。《集韻》「勈恿」爲異體。

二頁十一行，「」，誤，據《集韻》和篆體，當爲「栱」。

二頁十三行，據《集韻》和篆體，「」後奪字頭，當爲「蠒」。

四　紙

三頁五行只同上，大典有二個篆體，其中一個與宛委本同，另一個宛委本未見，且均有出處，卷一萬一百十二，只頁二九一：汗簡集韻並見杜從古集篆古文韻海。宛委本當據補。

三頁五行咫，大典有二個篆體，其中一個與宛委本同，且有出處，卷一萬一百十二，咫頁二九二：並集韻見杜從古集篆古文韻海。宛委本當據補。

三頁六行，大典有三個篆體，其中一個與宛委本同，且有出處，卷一萬一百十二，坻頁二九三：並集韻見杜從古集篆古文韻海；「」，非「」之篆體，「」之篆體未見，而大典「砥」字有篆體，且有出處，砥頁二九四：集韻杜從古集篆古文韻海。宛委本當據補。

三頁六行，「」，大典字頭、篆體同，但有出處，卷一萬一百十二，枳頁三〇一：說文見杜從古集篆古文韻海；「」，非「」二字之篆體，二字篆體未見，而大典二字有篆體，且有出處，軹頁三一四：軹家釜見杜從古集篆古文韻海。疻頁三一八：說文見杜從古集篆古文韻海。宛委本當據補。

三頁十一行記同上，「」，誤，據《集韻》，當爲「狧」；「」對應的字頭爲「𦧇䑛」，《集韻》「𦧇䑛舓」爲異體，與「狧」非異體，「」後奪字頭「舓」，當據補。

三頁十三——十四行揣同上，大典有三個篆體，其中二個與宛委本同，且有出處，卷一萬七千七十六，揣頁四六一二：古老子並古文見杜從古集篆古文韻海。宛委本當據補。

三頁十四行捶捶，「捶」字形有奪落，大典字頭同、篆體完備，且有出處，卷一萬七千七十六，捶頁四六〇九：捶集韻見杜從古集篆古文韻海。宛委本當據補。

三頁十四行箠箠，「箠」字形有奪落，大典字頭同、篆體完備，且有出處，卷一萬七千七十六，箠頁四六一〇：箠集韻見杜從古集篆古文韻海。宛委本當據改。

「林」，宛委本未見，大典有字頭、篆體，且有出處，卷一萬七千七十六，林頁四六一一：林汗簡見杜從古集篆古文韻海。宛委本當據補。

三頁十四行腨腨，大典字頭、篆體同，但有出處，卷一萬七千七十六，腨頁四六一二：腨集韻見杜從古集篆古文韻海。宛委本當據補。

三頁十四行騹騹，大典有二個篆體，其中一個與宛委本同，且有出處，卷一萬七千七十六，騹頁四六一一：騹騹並籀文見杜從古集篆古文韻海。宛委本當據補。

三頁十五行垂華，《集韻》「垂華」爲異體，大典字頭、篆體同，且有出處，卷一萬七千七十七，華頁四六一八：垂集韻見杜從古集篆古文韻海。宛委本當據補。

三頁十五行蕊蕊蘂同上，「蕊」，誤，當爲「蘂」。大典有三個篆體，其中一個與宛委本同，且有出處，但字頭誤，把「蕊」、「蘂」當作異體，卷一萬七千七十六，蕊頁四六一三：蕊蕊蘂並集韻見杜從古集篆古文韻海。宛委本當據補。

三頁十五——十六行徙徙徙徙徙同上徙徙徙，據《集韻》，「徙徙徙」與「徙徙徙」同爲「徙」的異體。「同上」當移至「徙」後。

三頁十六行⿰亻囟佌，「佌」，誤，當爲「佌」。《集韻》「⿰亻囟佌」爲異體。

四頁三行髓同上，「髓」，誤，據《集韻》，當爲「髓」。大典有五個篆體，其中二個與宛委本同，且有出處，《集韻》「髓髏」爲異體，卷一萬七千七十六，髏頁四六一八：並集韻茅君傳並見杜從古集篆古文韻海。宛委本當據補。

四頁三行瀡，「瀡」，誤，據《集韻》，當爲「瀡」。大典篆體同，但有出處，卷一萬七千七十六，瀡頁四六二二：集韻見杜從古集篆古文韻海。宛委本當據補。

四頁三行藿嶲，大典字頭、篆體同，但有出處，卷一萬七千七十七，藿頁四六二二：集韻見杜從古集篆古文韻海。宛委本當據補；「」爲「藿」之篆體，非「嶲」之篆體，「嶲」之篆體，宛委本未見，而大典有，且有出處，卷一萬七千七十七，嶲頁四六二二：集韻見杜從古集篆古文韻海。宛委本當據補。

「[illegible]」，宛委本未見，大典有字頭、篆體和出處，卷一萬七千七十七，[illegible]頁四六二二：並集韻見杜從古集篆古文韻海。宛委本當據補。

四頁四行[illegible]，大典字頭、篆體同，但有出處，卷一萬七千七十七，[illegible]頁四六二三：集韻見杜從古集篆古文韻海。宛委本當據補。

「觜」，宛委本未見，大典有字頭、篆體和出處，卷一萬七千七十七，觜頁四六二三：並集韻見杜從古集篆古文韻海。宛委本當據補。

四頁六行，篆體後奪字頭「謕」，當據補。《集韻》「謕[illegible]」爲異體。

四頁七行跬同上頍，大典有五個篆體，其中二個與宛委本同，且有出處，卷一萬七千七十七，跬頁四六二六：並集韻見杜從古集篆古文韻海。宛委本當據補；「」爲「跬」之篆體，非「頍」之篆體，「頍」之篆體，宛委本未見，而大典有，且有出處，卷一萬七千七十七，頍頁四六二七：說文見杜從古集篆古文韻海。宛委本當據補。

四頁七行[illegible][illegible]，「[illegible]」誤，當爲「跬」，《集韻》「跬圭」爲異體。

四頁八行[illegible]，篆體後奪字頭「敼」，當據補。《集韻》「鈘敼」爲異體。

四頁九行[illegible][illegible]，據《集韻》和字頭，篆體右下奪「[illegible]」，當爲「[illegible]」。

四頁九行[illegible][illegible]，「[illegible]」，非「[illegible]」之字頭，篆體後奪字頭，當爲「漪」。《集韻》「犄漪」爲異體。

四頁十行義，據《集韻》和字頭，篆體奪，當爲「[illegible]」。

四頁十一行[illegible]硊，據《集韻》和字頭，篆體右奪「[illegible]」，當爲「[illegible]」。

四頁十四行[illegible][illegible]，據《集韻》和字頭，篆體右奪「[illegible]」，當爲「[illegible]」。

「尯」，宛委本未見，大典有字頭、篆體和出處，卷一萬七千七十六，尯頁四六〇七：[illegible][illegible][illegible]並集韻見杜從古集篆古文韻海。宛委本當據補。

五頁三行[illegible][illegible]，「[illegible]」誤，據《集韻》和篆體，當爲「縻」。

五頁三行[illegible][illegible]，「[illegible]」誤，當爲「寐」。《集韻》「寱寐」爲異體。

五頁四行[illegible][illegible]，「[illegible]」誤，當爲「[illegible]」。《集韻》「[illegible][illegible]」爲異體。

五　旨

五頁八行[illegible][illegible]，「[illegible]」誤，據《集韻》和篆體，當爲「茋」。

五頁十行[illegible]死[illegible][illegible][illegible]同上，大典有十一個篆體，其中四個與宛委本同，除一字外，其他均有出處，卷一萬三百九，死頁四三〇〇：[illegible]寅簋[illegible]公緘鼎[illegible]師設敦[illegible]秦泰山石刻[illegible][illegible]並石經[illegible]古孝經[illegible]汗簡[illegible][illegible]並古老子[illegible]杜從古

集篆古文韻海。宛委本當據補。

五頁十一行□□，「□」，非「□」之篆體，「□」後奪字頭「襺」，《集韻》「緻襺」爲異體，當據補。

五頁十一行□□，「□」，誤，當爲「詎」。《集韻》「呢詎」爲異體。

五頁十三行□□□□□，《集韻》「嵬嵋」爲異體，大典有四個篆體，其中一個與宛委本同，且有出處，卷一萬七千七十六，嵬頁四六〇三：　□□□□並集韻見杜從古集篆古文韻海。宛委本當據補。

五頁十三行□□，大典字頭、篆體同，但有出處，卷一萬七千七十六，蜼頁四六〇三：　□集韻見杜從古集篆古文韻海。宛委本當據補。

五頁十三行□□，大典有四個篆體，其中一個與宛委本同，且有出處，卷一萬七千七十六，獼頁四六〇三：

□□□□並集韻見杜從古集篆古文韻海。宛委本當據補。

五頁十三——十四行□□□□□，「□」爲「蘽」之篆體，非「灅、纍」之篆體，大典「灅」有三個篆體，「纍」有一個篆體，且均有出處，卷一萬七千七十六，灅頁四六〇四：　□□□並集韻見杜從古集篆古文韻海；　纍頁四六〇四：　□集韻見杜從古集篆古文韻海。宛委本當據補。

五頁十四行□□，大典字頭、篆體同，但有出處，《集韻》「踓趡」爲異體，卷一萬七千七十七，趡頁四六二六：

□集韻見杜從古集篆古文韻海。宛委本當據補。

「儽」，宛委本未見，大典有字頭、篆體和出處，卷一萬七千七十六，儽頁四六〇四：　□□並集韻見杜從古集篆古文韻海。宛委本當據補。

五頁十三行□□，大典有四個篆體，其中一個與宛委本同，且有出處，卷一萬七千七十六，獼頁四六〇三：

□□□□並集韻見杜從古集篆古文韻海。宛委本當據補。

五頁十四行鱶鮹，「鮹」，誤，當爲「鱐」。《集韻》「鱶鱐」爲異體。

五頁十六行歸歸，大典字頭、篆體同，但有出處，卷一萬七千七十六，歸頁四六〇六：歸集韻見杜從古集篆古文韻海。宛委本當據補。

六　止

六頁九行狭狄，「狄」，誤，當爲「狭」。《集韻》「𧳜狭」爲異體。

六頁十六行鉛梩辤粭，「鉛梩辤」對應的字頭分別爲「鉛梩辤」，《集韻》「枱辤」、「耜梩」爲異體，「枱通作鉛」。「粭」，誤。當改爲「鉛鉛辤同上梩耜」。

七頁二行時時，「時」，誤，當爲「時」。《集韻》「𧵢時」爲異體。

八　語

八頁八行籇苫，「苫」，非「籇」之字頭，篆體後奪字頭，據《集韻》，當爲「籇」。

八頁十二行糈湑，「糈」，非「湑」之篆體，篆體後奪字頭「糈」，《集韻》「糈䣱」爲異體。

八頁十三行溆淑，「淑」，誤，當爲「溆」。《集韻》「溆漵」爲異體。

九頁三行紵訏忬，「紵訏」對應的字頭分別爲「紵訏」。《集韻》「𦈊紵」、「訏忬」爲異體，「紵」後奪字頭「𦈊」，當據補。

九頁七——八行旅𦁅呂𦁅膂，《集韻》「呂膂」爲異體，「膂」當改爲「同上」，且「𦁅𦁅」同，「𦁅」當删。

九頁八行魯侶，「魯」，非「侶」之篆體，《集韻》「旅魯」爲異體，篆體後奪字頭「旅」，當據補。

九頁十一行□□，「□」，誤，當爲「稬」，《集韻》「稬萸」爲異體。

九頁十一行□□，「□」，誤，當爲「鉏」。《集韻》「鋤鉏」爲異體。

九　麌

九頁十四行□□□，「□」，非「□」等之篆體，篆體後奪字頭「傴」，《集韻》「傴痀」爲異體。

九頁十五行□□，《集韻》「□瘺」爲異體，「□」左爲「□」，誤，當爲「□」。

十頁八行□□□□□，大典有三個篆體，其中一個與宛委本同，且有出處，卷一萬四千九百十二，輔頁六七〇四：□集韻見杜從古集篆古文韻海。

「滏」，宛委本未見，大典有字頭、篆體，且有出處，卷一萬四千九百十二，滏頁六七〇四：□□□並集韻見杜從古集篆古文韻海。宛委本當據補，但「□」爲大典所無。

十頁八行□□□□□，大典有五個篆體，其中二個與宛委本同，且有出處，卷一萬四千九百十二，䩉頁六六九九：□古史記□□並説文□集韻□液庭甗釜並見杜從古集篆古文韻海。宛委本當據補。

十　姥

十一頁十一行□□□□□，大典有三個篆體，其中二個與宛委本同，且有出處，卷一萬八百七十六，虜頁四四五八：□古文四聲韻□張揖集□集韻並見杜從古集篆古文韻海。宛委本當據補。

十一頁十二行□□□□□，大典有四個篆體，其中二個與宛委本同，且有出處，卷一萬八百七十七，鹵頁四四八二：□□並汗簡□文王鼎□周公鼎見杜從古集篆古文韻海。宛委本當據補。

十一頁十二行櫓櫓，《集韻》「櫓樐㯭」爲異體，大典有二個篆體，其中一個與宛委本同，且有出處，卷一萬八百七十七，櫓頁四四八三：櫓櫓集韻並杜從古集篆古文韻海。

「艣」，宛委本未見，大典有字頭、篆體，且有出處，卷一萬八百七十七，艣頁四四八四：艣集韻杜從古集篆古文韻海。宛委本當據補。

十一頁十三行㢚廣，大典字頭、篆體同，但有出處，《集韻》「㢚廣」爲異體。卷一萬八百七十七，廣頁四四八五：㢚集韻見杜從古集篆古文韻海。宛委本當據補。

十一頁十三行菡蔔𢘅，「菡」，非「蔔」等之篆體，篆體後奪字頭「菡」，當據補。大典字頭、篆體同，但有出處，卷一萬八百七十七，菡頁四四八五：菡集韻見杜從古集篆古文韻海。宛委本當據補。

十二頁三行昈𥃩，「𥃩」，誤，據《集韻》和篆體，當爲「昈」。

十二頁五行頣𢃊，「𢃊」，誤，當爲「嶋」。《集韻》「頣嶋」爲異體。

十一　薺

十二頁十二行蘇泳，「泳」，誤，當爲「絥」。《集韻》「蘇絥」爲異體。

十三頁四行戚桀桀，《集韻》「戕桀」爲異體，「戚」爲「桀」之篆體，而非「桀」之篆體。當改爲「戚桀桀」。

十三頁四行乚俟僭，「乚」對應字頭爲「匸」，「僭」對應字頭爲「僭」。《集韻》「僭俟」爲異體，「俟」當改爲「匸」、「上冋」當改爲「俟」。

十三頁六行鳽鴉，「鴉」，誤，當爲「鳽」。《集韻》「鳽䳚」爲異體。

十二　蟹

十三頁十行□，「□」，誤，當爲「矮」。《集韻》「痵矮」爲異體。

十三頁十行□，「□」，誤，當爲「枴」。《集韻》「枺枴」爲異體。

十四　賄

十三頁十六行□，「□」，誤，當爲「潤」。《集韻》「湏潤」爲異體。

十四頁三行□，「□」，非「□」之篆體，爲「摧」之篆體，篆體後奪字頭「摧」，當據補； 大典有二個篆體，其中一個與宛委本同，且有出處，卷一萬七千七十七，摧頁四六二五： □□並集韻見杜從古集篆古文韻海。 宛委本當據補。

十四頁五行□，「□」，誤，當爲「磥」。《集韻》「硃磥」爲異體。

十四頁六行□，《集韻》「郲浗」爲異體，大典字頭、篆體同，但有出處，卷一萬七千七十六，郲頁四六〇五：□集韻見杜從古集篆古文韻海。 宛委本當據補。

「瘣」，宛委本未見，《集韻》「瘣瘰」爲異體，大典有字頭、篆體，且有出處，卷一萬七千七十六，瘣頁四六〇五：□集韻見杜從古集篆古文韻海。 宛委本當據補。

十四頁七行□□，大典有五個篆體，其中一個與宛委本同，且有出處，卷一萬七千七十六，《集韻》「餧餒」爲異體，餧頁四六〇八：□□並古論語□□□並集韻見杜從古集篆古文韻海。 其中「□□」分別爲「鯘腇」之篆體，大典誤爲「餧」之篆體。 宛委本當據補。

十四頁七行□餧婑,「□」,非「餧」等之篆體,篆體後奪字頭「腇」,當據補; 大典字頭、篆體同,且有出處,卷一萬七千七十六,腇頁四六〇八: □集韻見杜從古集篆古文韻海; 「餧」,僅有字頭,未見篆體,大典有篆體,見「餧字」。宛委本當據補; 「婑」,僅有字頭,篆體未見,《集韻》「婑婑」爲異體,大典有字頭、有篆體,且有出處,卷一萬七千七十六,婑頁四六〇九: □集韻見杜從古集篆古文韻海。宛委本當據補。

十六 軫

十五頁十五行□□,「□」,誤,據《集韻》和篆體,當爲「腤」。

十六頁一行□□,據《集韻》和篆體,字頭奪,當爲「輡」。

十六頁二行□□,「□」,誤,據《集韻》和篆體,當爲「困」。

十九 隱

十七頁三行□□,「□」,非「□」之篆體,當爲「堇」。《集韻》「堇□」爲異體。

十七頁四行□□,「□」,非「□」之篆體,當爲「巹」。《集韻》「巹巹」爲異體。

(「二十阮」韻目奪,當於「十七頁五行」)

十七頁九行□蹇,「□」,非「蹇」之篆體,據《集韻》和篆體,當爲「寋」。

十七頁十行□於,「於」,誤,據《集韻》和篆體,當爲「扵」。

（「二十一混」韻目奪，當於「十七頁十三行」）

十七頁十三——十四行緷，「緷」，非篆體之字頭，篆體後奪字頭，據《集韻》，當爲「混」。

十七頁十五行䓣，「䓣」，誤，當爲「䓣」。《集韻》「莞䓣」爲異體。

十八頁一行才，「才」奪，當爲「掍」。《集韻》「掍[illegible]」爲異體。

十八頁一行領，「領」，誤，當爲「顐」。《集韻》「䫟顐」爲異體。

十八頁四行扗扗，《集韻》「扗扗」爲異體，「扗」當改爲「同上」。

二十三　旱

十八頁十二行衦，「衦」，誤，當爲「衦」。《集韻》「紆衦」爲異體。

二十四　緩

十九頁三行，篆體後奪字頭「澣」，當據補。《集韻》「瀚澣」爲異體。

十九頁五行梡，「梡」，誤，當爲「梡」。《集韻》「橌梡」爲異體。

十九頁六行盥痯斡，「盥」，非「痯斡」之篆體，二字篆體未見，大典二字有篆體，且有出處，卷一萬一千三百三十三，痯頁四八二五：　集韻見杜從古集篆古文韻海；　斡頁四八二五：　集韻見杜從古集篆古文韻海。宛委本當據補。

十九頁六行悺，大典字頭、篆體同，但有出處，卷一萬一千三百三十三，悺頁四八二六：　集韻見杜從古集篆古文韻海。宛委本當據補。

十九頁六行脘脘，大典字頭、篆體同，但有出處，卷一萬一千三百三十三，脘頁四八二六：脘集韻見杜從古集篆古文韻海。宛委本當據補。

十九頁七行蒍蒍，「蒍」，誤，當爲「𥳧」。《集韻》「𥳧𥴨」爲異體。

二十五　潸

十九頁十三行撰撰，「撰」，誤，當爲「撰」。《集韻》「撰篹」爲異體。

二十六　産

二十頁二行輚輚，「輚」，誤，當爲「轏」。《集韻》「輚轏」爲異體。

二十頁三行閬閬，「閬」，誤，當爲「閬」。《集韻》「扆閬」爲異體。

二十頁五行襉襉，「襉」，誤，當爲「𥳑」。《集韻》「襉𥳑」爲異體。

二十七　銑

二十頁八行緶緶，「緶」，誤，當爲「緶」。《集韻》「編緶」爲異體。

二十頁十六行枅栞栞，《集韻》「栞枅」爲異體，「栞」與「枅」無關，衍，當删。「栞」爲「枅」之字頭。

二十一頁三行䁙䁙，「䁙」，誤，當爲「䁙」。《集韻》「瞘䁙」爲異體。

二十八　獮

二十一頁九行罿巺，「巺」，誤，當爲「巽」。《集韻》「罿巽」爲異體。

二十一頁十行⿰目善膻，「膻」，誤，當爲「⿰目亶」。《集韻》「⿰目亶⿰目善」爲異體。

二十一頁十行剸饘，「饘」，誤，當爲「⿰金亶」。《集韻》「剸⿰金亶」爲異體。

二十一頁十三行頗反，「反」，誤，當爲「⿸尸反」。《集韻》「⿸尸反⿰⿸尸反頁」爲異體。

二十二頁五行遄延，「延」，誤，當爲「㢟」。《集韻》「遄㢟」爲異體。

二十二頁九——十行沇沇沇兖沿上同，《集韻》「沇沿涴」爲異體，「兖」，誤，當爲「沇」，但衍，删，當爲「沇沇沇沿上同」。

二十二頁十一行僊滚，「滚」，誤，當爲「僊」。《集韻》「僔僊」爲異體。

二十二頁十二行褰褸，「褸」，誤，當爲「褸」。《集韻》「褸褰」爲異體。

二十九　筱

二十三頁二行鳥鵑島，《集韻》「鵑島」爲異體，「鳥」之字頭當爲「島」，「鵑」，衍，當删。

二十三頁五行鄝，「鄝」後奪字頭「鄝」，當據補。《集韻》「鄡鄝」爲異體。

二十三頁六行嬈娆，「嬈」，非「娆」之篆體，篆體後奪字頭，當爲「㜵」，《集韻》「嬈㜵」爲異體。

二十三頁六——七行窅窅杳杳窈窈窈上同，據《集韻》「窅」、「窈」同，字頭爲「窅」、「窅」的字頭爲「窅」，「窈窅」爲異體。「窅窅杳杳窈窈窈上同」當改爲「窅窅窈上同窅窅杳杳窈窈」。

二十三頁七行[篆][篆][篆]宊，「宊」，誤，當爲「突」。《集韻》「宊突宧突」爲異體。

二十三頁九行[篆]腰，「腰」，誤，當爲「䁏」。《集韻》「䁍䁏」爲異體。

二十三頁九行[篆]敫，「敫」，誤，當爲「曒」。《集韻》「嘄曒」爲異體。

三十　小

二十三頁十三行[篆]荻，「荻」，誤，當爲「莜」。《集韻》「菽莜」爲異體。

二十三頁十六行[篆]聎，「聎」，誤，當爲「朓」。《集韻》「朓桃」爲異體。

二十四頁三行[篆]顛，「顛」，誤，當爲「顠」。《集韻》「𩮥顠」爲異體。

二十四頁四行[篆]泖，「泖」，誤，據《集韻》和篆體，當爲「渺」。

二十四頁四行[篆]杪，「杪」，誤，當爲「秒」。《集韻》「秒標」爲異體。

三十二　皓

二十五頁九行[篆]鴇，「鴇」，誤，當爲「鳵」。《集韻》「雃鳵」爲異體。

二十五頁十一行[篆]璪，「璪」，誤，據《集韻》和篆體，當爲「璪」。

二十五頁十一行[篆]藻，大典有六個篆體，其中一個與宛委本同，且有出處，卷一萬一千六百二，《集韻》「藻藻」爲異體，藻頁四八九七：　[篆]古論語[篆][篆]並集韻[篆][篆]史籀文[篆]説文見杜從古集篆古文韻海。宛委本當據補。

二十六頁五行[篆][篆][篆][篆][篆][篆]老，大典有八個篆體，其中五個與宛委本同，且均有出處，卷一萬一千六百十五，老頁四九一九：秦詛楚文孝經並古老子並汗簡三四崔希裕纂古郭忠恕記安院殿記並見杜從古集篆古文韻海。宛委本當據補。

三十三　哿

二十六頁十四——十五行，《集韻》「左ナ」爲異體，「」當改爲「同上」。

二十六頁十六行，篆體後奪字頭「沱」，當據補。《集韻》「沱沲」爲異體。

三十四　果

二十七頁九行，「」，誤，據《集韻》和篆體，當爲「彼」。

二十七頁十四行，「」，誤，據《集韻》和篆體，當爲「隓」。

二十七頁十五行，「」誤，當爲「羸」。《集韻》「裸羸」爲異體。

三十五　馬

二十八頁十四行，「」，誤，當爲「⿰戈丸」。《集韻》「⿰戈丸⿰戈虱」爲異體。

三十六　養

二十九頁七行，「」，誤，據《集韻》和篆體，當爲「槳」。

二十九頁十行，「」，誤，當爲「⿰弓男」。《集韻》「⿰彊男⿰弓男」爲異體。

二十九頁十二行踼人儿亨爪仉，《集韻》「仉爪」爲異體，「踼人儿亨爪仉」當改爲「踼人亨儿爪爪上同」。

二十九——十五行亯亯亯亯亯亯亯上同，「上同」，誤，據《集韻》和篆體，當爲「亨」。

二十九頁十六行嚮嚮，「嚮」誤，據《古文四聲韻》，當爲「響」； 又《集韻》「寷響」爲異體，該字當入十四行「響」之列。

二十九頁十六行嚮，據《集韻》，篆體後奪字頭「嚮」，當據補。

三十頁一行餉饟，「饟」，誤，當爲「饟」。《集韻》「餉饟」爲異體。

三十頁二行昞昉，「昉」，誤，當爲「昉」。《集韻》「昞昉」爲異體。

三十頁三行室調，「調」，誤，當爲「網」。《集韻》「室網」爲異體。

三十頁八行徃徃，「徃」，誤，當爲「徃」。《集韻》「徃徃」爲異體。

三十七　蕩

三十頁十行瑒璗，「璗」，誤，當爲「璗」。《集韻》「璗通作瑒」。

三十頁十行簜蕩，「蕩」，誤，據《集韻》和篆體，當爲「簜」。

三十頁十一行傷儻，「儻」，誤，據《集韻》和篆體，當爲「傷」。

三十頁十一——十二行傷儻郶上同黨讜鄭郶，「上同」，誤，當爲「鄭」。《集韻》「郶鄭」爲異體。「傷儻郶上同黨讜鄭郶」，當改爲「傷傷鄭郶郶上同黨讜」。

三十頁十五行頏亢，「亢」，誤，當爲「吭」。《集韻》「頏吭」爲異體。

三十頁十六行横悓，「横」，非「悓」之篆體。篆體後奪字頭「横」，當據補。《集韻》「橫横」爲異體。

三十一頁二行䀪晒，「晒」，誤，當爲「䀪」。《集韻》「䀪眼」爲異體。

三十一頁三行廣廣廣廣，大典有五個篆體，其中三個與宛委本同，且均有出處，卷一萬一千九百三，廣頁五〇一〇：廣集韻廣義雲章廣郭忠恕永安院殿記廣古孝經廣郭忠恕經音序並見杜從古集篆古文韻海。宛委本當據補。

三十八　梗

三十一頁十六行𥇦𥇦，「𥇦」，誤，當爲「𥇦」。《集韻》「𥇦𥇦」爲異體。

三十九　耿

三十二頁二——三行黽黽黽黽，「黽」，誤，《集韻》和篆體，當爲「黽」。

四十　静

三十二頁五行竫埥，「竫」，非「埥」之篆體，篆體後奪字頭，據《集韻》和篆體，當爲「竫」。

三十二頁六行姘上兩，「上兩」，誤，據《集韻》和篆體，當爲「姘」。

三十二頁六行睛睜，「睜」，誤，當爲「睜」。《集韻》「睛睜」爲異體。

三十二頁九行巆領，「領」，誤，當爲「嶺」。《集韻》「嶺巆」爲異體。

四十一　迥

三十二頁十六行□□，大典有五個篆體，其中二個與宛委本同，且均有出處，卷一萬一千九百五十一，頂頁五〇三四：□王存乂切韻□朱育集字□□□並集韻見杜從古集篆古文韻海。宛委本當據補。

三十二頁十六行、三十三頁一行□□□□□□□，大典有二十八個篆體，其中三個與宛委本同，且均有出處，卷一萬一千九百五十六，鼎頁五〇六八：□晉姜鼎□公諴鼎□妘氏鼎□孔文父飲鼎□子韋鼎□𪇺姬鼎□師□敦□師父□鼎□宋夫人□鋓鼎□象形鼎□□□並弡仲簠□叔夜鼎□□叔鼎□大叔鼎□尨主鼎□乙公鼎□庚申鼎□伯般鼎□□仲鼎□□並沿陰侯鼎□好時供厨鼎□蓮勺宮鼎盤□□並汗簡並見杜從古集篆古文韻海。宛委本當據補，但「□□□」爲大典所無。

四十二　拯

三十三頁五行□□，「□」，誤，當爲「崚」。《集韻》「踜崚」爲異體。

四十四　有

三十三頁十一行□□□□□□□□，大典有二十個篆體，其中七個與宛委本同，且均有出處，卷一萬二千五十，友頁五一五六：□汗簡□老子銘□大夫始鼎□左亞鬲□蔡姬彝□弡仲簠□寅簋□師□敦□無子鐘□□並諸友盉□嘉仲盉□苛子銘□□並古文□石經□遺字或如此□分寧鐘□古孝經□汗簡並見杜從古集篆古文韻海。宛委本當據補。

三十三頁十四行臬臬，「臬」，誤，據《集韻》和篆體，當爲「臬」。

三十三頁十五行呦怮，「怮」，誤，當爲「坳」。《集韻》「呦坳」爲異體。

三十三頁十五行恒牖，「牖」，誤，據《集韻》和篆體，當爲「牖」。

三十四頁九——十行□□□□□□，據《集韻》和篆體，「□□」後奪「同上」，當據補。

三十四頁十三行掫掫，「掫」，誤，當爲「棷」。《集韻》「趣棷」爲異體。

三十五頁二行愷，「愷」後奪字頭「愷」，當據補。《集韻》「愔愷」爲異體。

四十五　厚

三十五頁十三行傁叟瞍，「傁」，爲「叟」之篆體，非「瞍」之篆體，「瞍」之篆體未見，《集韻》「瞍瞍」爲異體，大典「瞍」字有篆體，且有出處，卷一萬二千一百四十八，瞍頁五二四〇：瞍集韻見杜從古集篆古文韻海。宛委本當據補。

三十五頁十三行藪藪，大典有二個篆體，其中一個與宛委本同，且有出處，卷一萬二千一百四十八，藪頁五二四三：藪藪並集韻見杜從古集篆古文韻海。宛委本當據補。

三十五頁十四行籔籔，大典有二個篆體，其中一個與宛委本同，且有出處，卷一萬二千一百四十八，籔頁五二四三：籔籔並集韻見杜從古集篆古文韻海。宛委本當據補。

三十五頁十四行嗾嗾䔹瞍，「嗾」爲「嗾」之篆體，非「䔹瞍」二字之篆體，二字篆體未見。「嗾」，大典有二個篆體，其中一個與宛委本同，且有出處，卷一萬二千一百四十八，嗾頁五二四三：嗾嗾並集韻見杜從古集篆古文韻海；「䔹、瞍」二字大典有篆體，且有出處，卷一萬二千一百四十八，䔹頁五二四三：䔹集韻見杜從古集篆古文韻海、睃頁五二四三：睃集韻見杜從古集篆古文韻海。宛委本當據補。

三十五頁十四行睃駷，大典字頭、篆體同，但有出處，卷一萬二千一百四十八，駷頁五二四四：駷集韻見杜從古集篆古文韻海。宛委本當據補。

三十五頁十四行趨趨，大典字頭、篆體同，但有出處，《集韻》「趣趨」爲異體，卷一萬二千一百四十八，趣頁五二四四：趨集韻見杜從古集篆古文韻海。宛委本當據補。

三十五頁十四——十五行取取走上同，大典字頭、篆體同，但有出處，卷一萬二千一百四十八，取頁五二四四：取取並古孝經見杜從古集篆古文韻海。宛委本當據補。

三十五頁十五行走走走上同，大典有七個篆體，其中二個與宛委本同，且均有出處，卷一萬二千一百四十八，走頁五二四五：走石鼓文走師臣彝走孝經走走並寶和鐘走古老子走汗簡並見杜從古集篆古文韻海。宛委本當據補。

三十五頁十五——十六行斗斗斗斗斗，「斗」，誤，據《集韻》和篆體，當爲「斗」。

三十六頁二行鼓鼓，「鼓」，誤，據《集韻》和篆體，當爲「穀」。

四十六　黝

三十六頁五行蟉蟉，「蟉」，誤，當爲「蟉」。《集韻》「虯蟉」爲異體。

四十八　感

三十七頁三行醎鹹，「鹹」，誤，當爲「鹹」。《集韻》「醎鹹」爲異體。

三十七頁三行灨瀨，「瀨」，誤，當爲「灨」。《集韻》「灨贛」爲異體。

三十七頁三行簣匱，「匱」，誤，當爲「匵」。《集韻》「匵簣」爲異體。

三十七頁五行唅領，「領」，誤，當爲「頷」。《集韻》「唅頷」爲異體。

三十七頁五行吗弓，「弓」，誤，當爲「马」，《集韻》「马吗」爲異體。

五十　剡

三十八頁十一行嵃奄，「奄」，誤，當爲「崦」。《集韻》「嵃崦」爲異體。

五十一　忝

三十八頁十六行非店，「店」，誤，當爲「扂」。《集韻》「非扂」爲異體。

五十三　蠊

三十九頁四行湛湛，大典有三個篆體，其中一個與宛委本同，且有出處，卷一萬九千四百十六，湛頁七二九

六：湛尚書湛湛並老子見杜從古集篆古文韻海。宛委本當據補。

卷四　去聲

一　送

一頁六行洞衕詷慟恫，「洞」，爲「衕」之篆體，非「慟」等之篆體，「慟」等篆體未見，但大典「慟」字有篆體，且有出處，卷一萬三千八十三，慟頁五六四六：　慟慟慟並古論語慟說文見杜從古集篆古文韻海。宛委本當據補。

一頁六行韸韻，「韻」，誤，當爲「韻」。《集韻》「韸韻」爲異體，大典字頭、篆體同，但有出處，卷一萬三千八十三，韻頁五六四七：　韻集韻見杜從古集篆古文韻海。宛委本當據補。

一頁六行弄弄挵弄哢，「弄」，誤，爲「弄」，當改爲「同上」，大典字頭、篆體同，且有出處，卷一萬三千八十三，弄頁五六四八：　弄義雲章挵集韻並見杜從古集篆古文韻海；「挵」爲「弄」之篆體，非「哢」之篆體，「哢」之篆體未見，大典有「哢」之篆體，且有出處，卷一萬三千八十三，哢頁五六四九：　哢集韻見杜從古集篆古文韻海。宛委本當據補。

一頁七行⿰忄弄⿰忄弄，大典字頭、篆體同，但有出處，卷一萬三千八十三，⿰忄弄頁五六四九：　⿰忄弄集韻並見杜從古集篆古文韻海。宛委本當據補。

一頁七行⿰山弄⿱穴弄⿰石弄上同，大典有三個篆體，其中二個與宛委本同，且有出處，卷一萬三千八十三，⿱穴弄頁五六五〇：　⿰山弄⿰石弄⿰土弄並集韻見杜從古集篆古文韻海。宛委本當據補。

一頁七行□哄，大典字頭、篆體同，但有出處，卷一萬三千八十四，哄頁五六五〇：□集韻見杜從古集篆古文韻海。宛委本當據補。

一頁七行□鬨，大典字頭、篆體同，但有出處，卷一萬三千八十四，鬨頁五六五〇：□集韻見杜從古集篆古文韻海。宛委本當據補。

一頁八行□洚，「洚」，誤，當爲「洚」，大典字頭、篆體同，但有出處，卷一萬三千八十四，洚頁五六五一：□集韻見杜從古集篆古文韻海。宛委本當據補。

一頁八行□蕻控鞚控，「□」爲「蕻」之篆體，非「控」等之篆體，「控」等之篆體未見。「蕻」，大典字頭、篆體同，但有出處，卷一萬三千八十四，蕻頁五六五九：□集韻見杜從古集篆古文韻海；「控、鞚」二字大典有篆體，且有出處，控頁五六六〇：□集韻見杜從古集篆古文韻海；鞚頁五六六〇：□集韻見杜從古集篆古文韻海。宛委本當據補。

「悾」，宛委本未見，大典有字頭、篆體，且有出處，卷一萬三千八十四，悾頁五六六一：□集韻見杜從古集篆古文韻海。宛委本當據補。

一頁八行□空，大典字頭、篆體同，但有出處，卷一萬三千八十四，空頁五六六一：□王存乂切韻集韻見杜從古集篆古文韻海。宛委本當據補。

一頁十三——十四行□中□衷□□□□□□仲，當改爲「□中□□□□□同上□衷□仲」。「中」，大典有六個篆體，其中四個與宛委本二個同，且均有出處，卷一萬三千一百九十四，中頁五七一八：□□□並古論語□古孝經□文丁寶彝□石鼓文並見杜從古集篆古文韻海，但宛委本「□□□□」爲大典所無；「衷」，大典字頭、篆體同，但有出處，衷頁五七二〇：□集韻見杜從古集篆古文韻海。宛委本當據補。

一頁十五行[篆][篆]，大典字頭、篆體同，但有出處，卷一萬三千八十四，戇頁五六六〇：[篆]集韻見杜從古集篆古文韻海。宛委本當據補。

一頁十五行[篆][篆]，大典字頭、篆體同，但有出處，《集韻》「𠯿誇」爲異體，卷一萬三千八十四，誇頁五六六一：[篆]集韻見杜從古集篆古文韻海。宛委本當據補。

二　宋

二頁一行[篆][篆]，「[篆]」，誤，據《集韻》和篆體，當爲「統」。

三　用

二頁七行[篆][篆]，大典有二個篆體，其中一個與宛委本同，且有出處，卷一萬三千一百九十四，種頁五七二〇：[篆]說文[篆]集韻並見杜從古集篆古文韻海。宛委本當據補。

二頁七行[篆][篆]，大典有二個篆體，其中一個與宛委本同，且有出處，《集韻》：「踵偅」爲異體，卷一萬三千一百九十四，偅頁五七三〇：[篆][篆]並集韻見杜從古集篆古文韻海。宛委本當據補。

二頁七行[篆][篆]，「[篆]」，誤，據《集韻》和篆體，當爲「惷」。

二頁十行[篆][篆]，「[篆]」，誤，當爲「褈」。《集韻》「𧛔褈」爲異體。

二頁十一行[篆][篆]，大典有三個篆體，其中一個與宛委本同，且有出處，重頁五七三〇：[篆][篆][篆]並集韻見杜從古集篆古文韻海。宛委本當據補。

二頁十一行[篆][篆]，大典字頭、篆體同，但有出處，《集韻》「儱躘」爲異體，卷一萬三千八十三，躘頁五六四九：

□集韻並見杜從古集篆古文韻海。宛委本當據補。

五　寘

三頁三行枝□□□上同，《集韻》「攱枝」爲異體，大典字頭、篆體同，但有出處，卷一萬三千三百四十一，枝頁九一三一：□□□並林罕集見杜從古集篆古文韻海。宛委本當據補。

三頁七行□□，「□」，誤，當爲「庇」。《集韻》「□庇」爲異體。

三頁十三行□□，「□」，誤，據《集韻》和篆體，當爲「諈」。

三頁十四行□□，「□」，誤，當爲「袘」。《集韻》「袘緆」爲異體。

四頁一行□□，「□」，誤，當爲「芰」。《集韻》「□芰」爲異體。

四頁五行□□，大典字頭、篆體同，但有出處，卷一萬三千八百七十二，賁頁五九三一：□集韻見杜從古集篆古文韻海。宛委本當據補。

四頁六行□□，「□」，誤，當爲「夘」。《集韻》「夘誃」爲異體。

四頁六行□□，「□」，誤，據《集韻》和篆體，當爲「髓」。

四頁八行□□，「□」，誤，據《集韻》和篆體，當爲「娷」。

六　至

四頁十三——十四行□嗜□□□上同，大典有七個篆體，其中五個與宛委本同，且有出處，卷一萬三千三百四十一，嗜頁九一三五：□□□□並集韻□同上□□並古尚書見杜從古集篆古文韻海。宛委本當據補。

四頁十五行諡諡，大典有四個篆體，其中一個與宛委本同，且有出處，卷一萬三千三百四十五，謚頁五七三九：諡諡並集韻諡唐古韻諡懷後磬並見杜從古集篆古文韻海。宛委本當據補。

五頁一行率率，大典字頭、篆體同，但有出處，卷一萬五千一百三十九，率頁六八二一：率秦詛楚文見杜從古集篆古文韻海。宛委本當據補。

五頁十四行致致，大典有三個篆體，其中一個與宛委本同，且有出處，卷一萬三千四百九十五，致頁五七九〇：致致並天台經幢致絳碧落文並杜從古集篆古文韻海。宛委本當據補。

五頁十五行疐疐疐疐疐上同疐疐，「疐疐疐」，非「疐」之篆體，「上同」，誤，據《集韻》，爲「疐」；「疐」，非「疐」之篆體，而與「疐」等爲異體，當改爲「疐疐疐疐疐上同」。

五頁十六行緻微緻，「緻」爲「微」之篆體，非「緻」之篆體，「緻」之篆體未見，「緻」，大典有篆體，但亦無出處，卷一萬三千四百九十五，緻頁五七九〇：緻見杜從古集篆古文韻海。宛委本當據補。

六頁一行稺穉，「穉」，誤，當爲「稺」。《集韻》「稺𥣬」爲異體。

六頁四行速速，「速」，誤，當爲「迹」。《集韻》「𨘢迹」爲異體。

六頁九——十行季季季季上同肄，「季」等爲「季」之篆體，非「肄」之篆體，「肄」之篆體未見，而大典「肄」字有篆體，且有出處，卷一萬三千九百九十二，肄頁六〇七七：肄集韻見杜從古集篆古文韻海。宛委本當據補。

六頁十行屓屓，大典有三個篆體，其中一個與宛委本同，且有出處，卷一萬三千九百九十二，屓頁六〇七八：屓集韻屓屓同上並見杜從古集篆古文韻海。宛委本當據補。

六頁十行殪殪，大典字頭、篆體同，但有出處，卷一萬三千九百九十二，殪頁六〇七八：殪集韻見杜從古集篆古文韻海。宛委本當據補。

六頁十一行嚊呬，大典有二個篆體，其中一個與宛委本同，且有出處，卷一萬三千九百九十二，呬頁六〇七八：呬嚊並集韻杜從古集篆古文韻海。宛委本當據補。

六頁十一行睞吅，大典字頭、篆體同，但有出處，卷一萬三千九百九十二，吅頁六〇七九：睞集韻見杜從古集篆古文韻海。宛委本當據補。

六頁十一行咪咥，大典字頭、篆體同，但有出處，卷一萬三千九百九十二，咥頁六〇七七：咪集韻見杜從古集篆古文韻海。宛委本當據補。

六頁十二行戴廙，大典有九個篆體，其中四個與宛委本同，且有出處，卷一萬四千三百八十四，廙頁六三〇七：父辛旅彝冀師季敦絳碧落文唐古韻澤碧落文貝丘長碑古尚書冀師舟冀卣並杜從古集篆古文韻海。宛委本當據補。

六頁十三行眔臮，「臮」，誤，當爲「臮」。《集韻》「眔臮」爲異體。

仳，宛委本未見，大典有字頭、篆體，亦無出處，卷三千八百七十七，仳頁六〇四一：並杜從古集篆古文韻海。宛委本當據補。

七頁五行疕痹，「痹」，誤，當爲「痹」。《集韻》「疕痹」爲異體。大典字頭、篆體同，亦無出處，卷一萬三千八百七十七，痹頁五九九五：見杜從古集篆古文韻海。

七頁六行肶䘡，篆體有奪落，《集韻》「䘡肶」爲異體，大典字頭同，篆體亦當同，亦無出處，卷一萬三千八百八十，䘡頁六〇四一：見杜從古集篆古文韻海。宛委本當據補。

七頁六行𢓊，大典字頭、篆體同，亦無出處，《集韻》「𢓊𧼮」爲異體，卷一萬三千八百八十，𢓊頁六〇四〇：並杜從古集篆古文韻海。

七頁八行枇枇，「枇」，誤，當爲「枇」。《集韻》「枇䭱」爲異體。

七頁九行祕祕祕上同，大典字頭、篆體同，但有出處，卷一萬三千八百八十，祕頁六〇四一：祕唐古韻祕絳碧落文並杜從古集篆古文韻海。宛委本當據補。

七頁十行𦣝𦣝，大典有二個篆體，其中一個與宛委本同，且有出處，卷一萬三千八百八十，𦣝頁六〇四一：𦣝唯叔鼎𦣝汗簡並杜從古集篆古文韻海。宛委本當據補。

七頁十一行桼桼，大典有二個篆體，且有出處，卷一萬三千八百七十七，桼頁五九九五：桼古論語桼籀文見杜從古集篆古文韻海。宛委本當據補。但宛委本「桼」爲大典所無。

七頁十一行邲邲邲上同，大典字頭、篆體同，但有出處，卷一萬三千八百七十七，邲頁五九九四：邲張仲簠邲晉姜鼎並見杜從古集篆古文韻海。宛委本當據補。

七頁十四行媢媢媢上同，「媢」，誤，據《集韻》和篆體，當爲「媢」。

七頁十六行訵[言桼]，「[言桼]」，誤，當爲「[言桼]」。《集韻》「[言桼]訵」爲異體。

八頁一行伵伵，大典字頭、篆體同，但有出處，卷一萬三千九百九十二，伵頁六〇八〇：伵集韻見杜從古集篆古文韻海。宛委本當據補。

七　志

八頁四行痣痣，「痣」，誤，當爲「痣」。《集韻》「䏄痣」爲異體。

八頁七行蒔蒔蒔上同，大典有四個篆體，其中二個與宛委本同，且有出處，卷一萬三千三百四十，蒔頁九一三〇：蒔蒔蒔並集韻蒔同上並見杜從古集篆古文韻海。宛委本當據補。

八頁八行□寺，大典字頭、篆體同，但有出處，卷一萬三千三百四十，寺頁九一二八：□集韻見杜從古集篆古文韻海。宛委本當據補。

八頁十五——十六行□□□□□置，大典有六個篆體，其中五個與宛委本同，且均有出處，卷一萬三千四百九十五，置頁五七九九：□天台經幢□□並雲臺碑□崔希裕纂古□□並集韻見杜從古集篆古文韻海。宛委本當據補。

八頁十六行□□，「□」，誤，當爲「壂」。《集韻》「㙂壂」爲異體。

九頁二行□□□□□□，「□」等非「嬉」之篆體，「嬉」之篆體未見，大典有字頭、篆體和出處，卷一萬三千九百九十二，嬉頁六〇七三：□集韻見杜從古集篆古文韻海。宛委本當據補。

九頁三行□□，大典字頭、篆體同，但有出處，卷一萬三千九百九十二，嘻頁六〇七九：□集韻見杜從古集篆古文韻海。宛委本當據補。

八　未

九頁八行□□，「□」，誤，當爲「寐」。《集韻》「眛寐」爲異體。

九頁十一行□□，「□」，誤，當爲「屝」。《集韻》「芾屝」爲異體。

九頁十四行□□，大典字頭、篆體同，但有出處，卷一萬三千九百九十二，欷頁六〇七三：□集韻見杜從古集篆古文韻海。宛委本當據補。

九頁十四——十五行□□□□□□□□□，「□」等爲「餼」之篆體，非「熂愾䊠」三字之篆體，三字之篆體未見。「餼」，大典有十一個篆體，其中四個與宛委本同，且均有出處，卷一萬三千九百九十二，餼頁六〇七四：□

□並古論語□□並大篆□義雲章□淮南子升仙記□絳碧落文□□並說文□□並集韻見杜從古集篆古文韻海；「熂愾□」三字，大典有篆體，但無出處，熂頁六〇七六：　□杜從古集篆古文韻海、愾頁六〇七六：　□杜從古集篆古文韻海、□頁六〇七七：　□□並杜從古集篆古文韻海。宛委本當據補。

九頁十五行□□□□，大典有五個篆體，其中二個與宛委本同，卷一萬三千九百九十二，墍頁六〇七七：□大篆□集韻□古尚書□籀文□集韻並見杜從古集篆古文韻海。宛委本當據補。

九頁十六行□□，大典字頭、篆體同，但有出處，卷一萬三千九百九十二，氣頁六〇七九：　□集韻見杜從古集篆古文韻海。宛委本當據補。

十頁三行□□，「□」，非「□」之篆體，篆體後奪字頭，據《集韻》，當爲「忍」。

九　御

十頁十二行□語，大典有二個篆體，其中一個與宛委本同，且有出處，卷一萬四千四百六十四，語頁六三八五：　□古孝經□裴光遠集綴並見杜從古集篆古文韻海。宛委本當據補。

十頁十二行□□，大典有二個篆體，其中一個與宛委本同，且有出處，卷一萬四千四百六十四，□頁六三八五：　□□並集韻見杜從古集篆古文韻海。宛委本當據補。

十頁十二行□□，大典字頭、篆體同，但有出處，卷一萬四千四百六十一，禦頁六三三七：　□集韻見杜從古集篆古文韻海。宛委本當據補。

十頁十四行□□□，「□」爲「□」之篆體，非「絮」之篆體，「絮」之篆體未見，大典有篆體，且有出處，卷一萬四千五百四十四，絮頁六四二二：　□集韻見杜從古集篆古文韻海。宛委本當據補。

十頁十四行，大典字頭、篆體同，但有出處，卷一萬四千五百四十四，悆頁六四二二：集韻見杜從古集篆古文韻海。宛委本當據補。

十頁十五行，「」，誤，當爲「濾」。《集韻》「濾瀏」爲異體。

十一頁一行，「」，誤，當爲「粗」。《集韻》「則粗」爲異體。

十一頁二行，「」，誤，當爲「葅」。《集韻》「葅菹」爲異體。

十一頁四行，「」，誤，當爲「耡」。《集韻》「鉏耡」爲異體。

十一頁六行，大典有三個篆體，其中一個與宛委本同，且有出處，卷一萬四千五百四十四，處頁六四〇八：集韻古文唐古韻並見杜從古集篆古文韻海。宛委本當據補。

十一頁六行，大典字頭、篆體同，但有出處，卷一萬四千五百四十五，翥頁六四三三：集韻見杜從古集篆古文韻海。宛委本當據補。

十一頁七行，大典字頭、篆體同，但有出處，卷一萬四千五百四十五，箸頁六四二三：王庶子碑見杜從古集篆古文韻海。宛委本當據補。

十一頁八行，「」，誤，據《集韻》和篆體，當爲「爈」。

十一頁十二行，「」爲「」之篆體，非「」之篆體，「」之篆體未見，而大典有篆體，且有出處，卷一萬四千五百四十四，憷頁六四二二：集韻見杜從古集篆古文韻海。宛委本當據補。

十　遇

十一頁十四行，據《集韻》和篆體，「」後奪字頭，當爲「寓」。

十二頁六行鶖鶖，「鶖」，誤，當爲「鶩」。《集韻》「鶩鶖」爲異體。

十二頁八行寂聚鄹上同，據《集韻》，「寂」，對應的字頭爲「取」；「鄹」，對應的字頭爲「鄹」，「鄹聚」爲異體。「寂聚鄹上同」當改爲「寂取鄹聚」。

十二頁十四行樹樹樹樹樹，大典有十個篆體，其中五個與宛委本同，且有出處，卷一萬四千五百三十六，樹頁六三八五：樹石鼓文樹大篆樹樹樹並古尚書樹雲臺碑樹樹並古文樹彌勒像記樹絳碧落文並見杜從古集篆古文韻海。宛委本當據補。

十二頁十六行庢閨，「閨」，誤，當爲「閨」。《集韻》「閨庢」爲異體。大典字頭、篆體同，但有出處，卷一萬四千五百四十四，閨頁六四二二：庢集韻見杜從古集篆古文韻海。宛委本當據補。

十一　暮

十三頁三行痡痡，大典有二個篆體，其中一個與宛委本同，且有出處，卷一萬四千五百七十六，痡頁六四七四：痡痡並集韻見杜從古集篆古文韻海。宛委本當據補。

十二　霽

十四頁十二行眦眦，「眦」，誤，據《集韻》和篆體，當爲「眦」。

十四頁十三行滭滭，「滭」，誤，當爲「滭」。《集韻》「滭混」爲異體。

十四頁十四行箄箄，「箄」，誤，據《集韻》和篆體，當爲「箄」。

十四頁十六行嚏嚏嚏上同，大典字頭、篆體同，但有出處，卷一萬四千一百二十四，嚏頁九一五九：嚏古文嚏集韻並見杜從古集篆古文韻海。宛委本當據補。

十四頁十六行[篆]，大典字頭、篆體同，但有出處，卷一萬四千一百二十四，疐頁九一五九：[篆]集韻見杜從古集篆古文韻海。宛委本當據補。

十四頁十六行[篆]，大典字頭、篆體同，但有出處，卷一萬四千一百二十四，柢頁九一五九：[篆]集韻見杜從古集篆古文韻海。宛委本當據補。

十四頁十六行、十五頁一行[篆][篆][篆]上同，大典有四個篆體，其中二個與宛委本同，且有出處，卷一萬四千一百二十四，頁九一六〇：[篆][篆]並大篆[篆]古老子[篆]石經並見杜從古集篆古文韻海。宛委本當據補。

十五頁一行[篆][篆]，大典有二個篆體，其中一個與宛委本同，且有出處，卷一萬四千一百二十四，氐頁九一六〇：[篆]大篆[篆]集韻並見杜從古集篆古文韻海。宛委本當據補；「[篆]」，非「[篆]」之篆體，「[篆]」之篆體，宛委本未見，而大典有，且有出處，卷一萬四千一百二十四，締頁九一六〇：[篆]集韻見杜從古集篆古文韻海。宛委本當據補。

十五頁一行[篆][篆]，《集韻》「偙僀」爲異體，大典字頭、篆體同，但有出處，卷一萬四千一百二十四，偙頁九一六一：[篆]集韻見杜從古集篆古文韻海。宛委本當據補。

十五頁一行[篆][篆]，大典字頭、篆體同，但有出處，卷一萬四千一百二十四，腣頁九一六一：[篆]集韻見杜從古集篆古文韻海。宛委本當據補。

十五頁一——二行[篆][篆][篆]上同，大典有三個篆體，其中二個與宛委本同，且有出處，卷一萬四千一百二十四，[木帶]頁九一六一：[篆]古文[篆][篆]並集韻見杜從古集篆古文韻海。宛委本當據補。

十五頁二行[篆][篆][篆]上同，大典有三個篆體，其中二個與宛委本同，且有出處，卷一萬四千一百二十四，螮頁九一六一：□□□並集韻見杜從古集篆古文韻海。宛委本當據補。

十五頁二行□□，大典字頭、篆體同，但有出處，《集韻》「蝭䗖」爲異體，卷一萬四千一百二十四，蝭頁九一六二：□集韻見杜從古集篆古文韻海。宛委本當據補。

十五頁三行□□，大典字頭、篆體同，但有出處，卷一萬四千一百二十四，⿰鼻是頁九一六一：□集韻見杜從古集篆古文韻海。宛委本當據補。

十五頁三行□□□，大典有六個篆體，其中二個與宛委本同，且有出處，卷一萬四千一百二十四，替頁九一六三：□大篆□唐古韻□石經□□並説文□杜從古集篆古文韻海。宛委本當據補。

十五頁三行□□□□，《集韻》「□剃剔」爲異體，大典有三個篆體，其中一個與宛委本同，且有出處，卷一萬四千一百二十五，剃頁九一七三：□集韻□同上□古文並見杜從古集篆古文韻海。宛委本當據補；「□」，爲「□」之篆體，非「□□」二字之篆體，宛委本未見，而「涕」，大典有三個篆體，且有出處，卷一萬四千一百二十五，涕頁九一八二：□説文□朱育集字□集韻見杜從古集篆古文韻海。宛委本當據補。

十五頁三行□□□□，《集韻》「□禓禘」爲異體，大典有三個篆體，其中一個與宛委本同，且均有出處，卷一萬四千一百二十五，禓頁九一八六：□古文□集韻□同上並見杜從古集篆古文韻海，宛委本當據補；「□」，爲「□」之篆體，非「□□」二字之篆體，二字之篆體，宛委本未見，而大典有，且有出處，卷一萬四千一百二十五，䨼頁九一八六：□集韻見杜從古集篆古文韻海、鵜頁九一八七：□集韻見杜從古集篆古文韻海。宛委本當據補。

十五頁四行□□，《集韻》「□屜屉」爲異體，大典有二個篆體，其中一個與宛委本同，且有出處，卷一萬四千一百二十五，屜頁九一八六：□□並集韻見杜從古集篆古文韻海。宛委本當據補。

十五頁四行□□□，《集韻》「□殢」爲異體，大典字頭、篆體同，且有出處，卷一萬四千一百二十五，殢頁九一八六：沭集韻見杜從古集篆古文韻海。宛委本當據補；「沭」，爲「沭」之篆體，非「穡」之篆體，「穡」之篆體，宛委本未見，而大典有，且有出處，《集韻》「穡穑」爲異體，卷一萬四千一百二十五，穡頁九一八七：穡集韻見杜從古集篆古文韻海。宛委本當據補。

十五頁四行鬄，髢上同，《集韻》「鬄髢」爲異體，大典有三個篆體，其中二個與宛委本同，且均有出處，卷一萬四千一百二十五，鬄頁九一八六：鬄鬄並大篆鬄說文並見杜從古集篆古文韻海。宛委本當據補。

十五頁九——十行鰲，𢾗敿上同鰲敿上同，據《集韻》，「鰲」，對應的字頭爲「敿」，「鰲敿」爲異體，「𢾗」，誤，删。「鰲𢾗敿上同鰲敿上同」當改爲「鰲敿敿鰲敿上同」。

十五頁十一——十二行系，系繫上同係，大典有五個篆體，其中二個與宛委本同，且有出處，卷一萬三千九百九十三，系頁六〇八一：系繫並籀文系汗簡繫結並集韻見杜從古集篆古文韻海；「系」等非「係」之篆體，「係」之篆體，宛委本未見，而大典有，且有出處，係頁六〇八六：係集韻見杜從古集篆古文韻海。宛委本當據補。

「繫」，宛委本未見，大典有字頭、篆體和出處，卷一萬三千九百九十三，繫頁六〇八五：繫王維恭黄庭經繫集韻見杜從古集篆古文韻海。宛委本當據補。

十五頁十二行禊禊，大典有二個篆體，其中一個與宛委本同，且有出處，卷一萬三千九百九十三，禊頁六〇八六：禊集韻禊古文並見杜從古集篆古文韻海。宛委本當據補。

十五頁十二行膢膢，大典字頭、篆體同，但有出處，卷一萬三千九百九十三，膢頁六〇九〇：膢集韻見杜從古集篆古文韻海。宛委本當據補。

十五頁十三行鍥栔，「栔」，誤，當爲「契」。《集韻》「栔鍥」爲異體，「通作契」。

十三　祭

十六頁七行□□，「□」，誤，當爲「穖」。《集韻》「穖穧」爲異體。

十六頁十二行□□□，篆體後奪字頭「滯」，當據補。《集韻》「懘滯」爲異體。

十六頁十三行□□□□，大典有十個篆體，其中三個與宛委本同，且均有出處，卷一萬三千四百九十六，制頁五八〇五：□古文□古孝經□古尚書□汗簡□□並古文□郭忠恕永字院殿記□□並秦權□注水匜並見杜從古集篆古文韻海。宛委本當據補。

十六頁十四行□□，「□」，誤，當爲「𦖁」。《集韻》「𦕌𦖁」爲異體。

十六頁八行□□，「□」，誤，當爲「𤞞」。《集韻》「㹸𤞞」爲異體。

十七頁十行□□，「□」，誤，當爲「鈗」。《集韻》「鈗鏸」爲異體。

十七頁十四行□□，「□」，誤，據《集韻》和篆體，當爲「𨘢」。

十七頁十六行□□，「□」，誤，據《集韻》和篆體，當爲「嶡」。

十八頁一行□□，「□」，誤，據《集韻》和篆體，當爲「懖」。

十四　泰

十八頁十二行□□□□□，「□」爲「□」之篆體，非「駾」等之篆體，「駾」等之篆體未見，而大典「駾」字有篆體，但亦無出處，卷一萬五千一百四十三，駾頁六八七四：□見杜從古集篆古文韻海。宛委本當據補。

十八頁十二行□□□□□□，大典有二個篆體，其中一個與宛委本同，且有出處，卷一萬五千一百四十，兑頁六八二八：大篆集韻並見杜從古集篆古文韻海；「」爲「兑」之篆體，非「剟鞔銳」之篆體，三字篆體未見，而大典三字有篆體，且有出處，卷一萬五千一百四十三，剟頁六八七六：集韻見杜從古集篆古文韻海、鞔頁六八七六：集韻見杜從古集篆古文韻海、銳頁六八七六：並集韻見杜從古集篆古文韻海。宛委本當據補。

十九頁一行，「」，誤，當爲「噭」。《集韻》「喝噭」爲異體。

十九頁二行，「」，誤，據《集韻》，當爲「勼」。

十九頁十行，「」，誤，當爲「鶡」。《集韻》「鞨鶡」爲異體。

十九頁十一行，「」，誤，當爲「疫」。《集韻》「瘍疫」爲異體。

十五　卦

十九頁十二行挂，「挂」，誤，據《集韻》和篆體，當爲「卦」。

二十頁二行，「」，誤，當爲「觜」。《集韻》「骴觜」爲異體。

十六　怪

二十頁五行，「」，誤，當爲「聵」。《集韻》「聵聵」爲異體。

二十頁六行誡上同悈，大典字頭、篆體同，但有出處，卷一萬五千七十三，誡頁六七七九：古老子集韻並見杜從古集篆古文韻海；「」，非「悈」之篆體，「悈」之篆體未見，大典「悈」字有篆體，且有出處，卷一萬五千七十五，悈頁六七七九：説文見杜從古集篆古文韻海。宛委本當據補。

二十頁七行[篆][篆]介，大典有六個篆體，其中三個與宛委本同，且均有出處，卷一萬五千七十五，介頁六七九一：[篆]大篆[篆]汗簡[篆]並古老子銘[篆]華嶽碑[篆]絳碧落文並見杜從古集篆古文韻海。宛委本當據補。

二十頁七行[篆][篆]，「[篆]」，非「[篆]」之篆體，篆體後奪字頭，據《集韻》，當爲「紒」。

二十頁九行[篆][篆]，「[篆]」，誤，據《集韻》和篆體，當爲「[illegible]」。

十八　隊

二十一頁六行[篆][篆]，大典有二個篆體，其中一個與宛委本同，且有出處，卷一萬五千一百四十，隊頁六八二三：[篆]南嶽碑[篆]集韻見杜從古集篆古文韻海。宛委本當據補。

二十一頁六行[篆][篆][篆]上同[篆]，大典字頭、篆體同，但有出處，卷一萬五千一百四十三，䨴頁六八七四：[篆][篆]集韻並杜從古集篆古文韻海；「[篆]」，非「[篆]」之篆體，「[篆]」之篆體未見，而大典「薱」字有篆體，薱頁六八七四：[篆]見杜從古集篆古文韻海。宛委本當據補。

二十一頁六行[篆][篆][篆]上同，大典有五個篆體，其中二個與宛委本同，且有出處，卷一萬五千一百四十三，憝頁六八七四：[篆]大篆[篆]唐古韻[篆][篆][篆]集韻並見杜從古集篆古文韻海。宛委本當據補。

二十一頁七行[篆][篆][篆]上同，大典有四個篆體，其中二個與宛委本同，且有出處，卷一萬五千一百四十三，錞頁六八七五：[篆]大篆[篆][篆]並集韻[篆]師[篆]敦並見杜從古集篆古文韻海。宛委本當據補。

「鐓」，宛委本未見，大典有字頭、篆體和出處，卷一萬五千一百四十三，鐓頁六八七五：[篆]集韻見杜從古集篆古文韻海。宛委本當據補。

二十一頁七行[篆][篆]，「[篆]」，誤，當爲「[illegible]」。《集韻》「[illegible][illegible]」爲異體。

二十一頁七行[illegible][illegible]，大典字頭、篆體同，但有出處，卷一萬五千一百四十三，[illegible]頁六八七六：[illegible]集韻見杜從古集篆古文韻海。宛委本當據補。

二十一頁七行[illegible][illegible]，「[illegible]」，誤，當爲「褙」。《集韻》「褙緋」爲異體。

二十二頁六行[illegible][illegible]，「[illegible]」，誤，當爲「杚」。《集韻》「槩杚」爲異體。

十九　代

二十二頁十六行[illegible][illegible]，「[illegible]」，誤，據《集韻》和篆體，當爲「溉」。

二十　廢

二十三頁十行[illegible][illegible][illegible]上同[illegible][illegible][illegible][illegible]，《集韻》「[illegible]通作[illegible]薉」，「[illegible][illegible][illegible]上同[illegible][illegible][illegible][illegible]」當改爲「[illegible][illegible][illegible][illegible]上同[illegible][illegible]」。

二十一　震

二十三頁十三行[illegible][illegible][illegible][illegible][illegible]上同，「[illegible]」爲「[illegible]」之篆體，「[illegible]」爲「[illegible]」之篆體，當改爲「[illegible][illegible][illegible][illegible][illegible]上同」。

二十三頁十三行[illegible]，篆體後奪字頭「袗」，當據補。《集韻》「裖袗」爲異體。

二十四頁十行[illegible][illegible]，「[illegible]」，非「[illegible]」之篆體，篆體後奪字頭，據《集韻》，當爲「賂」。

二十四頁十一行[illegible][illegible]，「[illegible]」，誤，當爲「粼」。《集韻》「粼篺」爲異體。

二十四頁十二行[illegible][illegible][illegible][illegible]，《集韻》「粦燐」爲異體，「[illegible]」當改爲「同上」。

二十四頁十五行[illegible][illegible]，「[illegible]」，非「[illegible]」之篆體，篆體後奪字頭，據《集韻》，當爲「酌」。

二十四頁十五行[篆][篆][篆][篆][篆]，「[篆]」，誤，據《集韻》，當爲「胤」。

二十二　稕

二十五頁六行[篆][篆]，「[篆]」，誤，當爲「䁗」。《集韻》「睃䁗」爲異體。

二十六　慁

二十七頁十行[篆][篆][篆][篆]，《集韻》「沌忳」爲異體，「[篆]」，非「鈍」之篆體，篆體後奪字頭，「[篆]」與「[篆]」應爲異體，「[篆]」後奪「同上」。「[篆][篆][篆][篆]」當改爲「[篆][篆][篆]同上[篆]」。

二十七頁十二行[篆][篆]，「[篆]」，誤，據《集韻》和篆體，當爲「睔」。

二十八　翰

二十八頁二——三行[篆][篆][篆][篆][篆][篆][篆][篆][篆][篆][篆][篆][篆][篆][篆][篆]，據《集韻》和篆體，「[篆]」，非「豰豣」二字之篆體，當爲「犴」之篆體；「[篆]」，非「鳱」之篆體，當爲「豣」之篆體；「[篆]」，非「𡸈」之篆體，當爲「鳱」之篆體；「[篆]」，非「翰」之篆體，當爲「𡸈」之篆體；「[篆]」，非「旰」之篆體，當爲「翰」之篆體；「[篆]」，非「䏷」之篆體，當爲「旰」之篆體；「[篆]」，衍，當刪。「[篆][篆][篆][篆][篆][篆][篆][篆][篆][篆][篆][篆][篆][篆][篆][篆]」當改爲「[篆]犴[篆][篆][篆][篆][篆][篆][篆][篆][篆][篆][篆][篆][篆][篆]」。

二十八頁十行[篆][篆]，「[篆]」，誤，當爲「䅥」。《集韻》「䅭䅥」爲異體。

二十八頁十行[篆][篆]，「[篆]」，非「[篆]」之篆體，據《集韻》和篆體，字頭當爲「𣶒」。

二十九　换

二十九頁五行祼瓘灌，「祼」，非「瓘」之篆體，《集韻》「祼淉」爲異體、「通作灌」。「祼瓘灌」當改爲「祼灌瓘」。

二十九頁六行□□，「□」，誤，當爲「爟」。《集韻》「□爟」爲異體。

二十九頁七行□□□，「□」，爲「□」之篆體，非「□」之篆體。「□□□」當改爲「□□□」。

二十九頁九行□□，「□」，誤，據《集韻》，當爲「鏝」。

二十九頁十二行□□，「□」，非「□」之篆體，篆體後奪字頭，據《集韻》和篆體，當爲「□」。

二十九頁十四行□，篆體後奪字頭，當爲「□」。《集韻》「□□」爲異體。

三十　諫

三十頁十一行□□，「□」，誤，當爲「□」。《集韻》「□纙」爲異體。

三十一　襉

三十頁十三——十四行□□□，「□」與「□」，非異體，「□」爲「□」之篆體，《集韻》「見梘」爲異體，「□」後奪字頭「澗」，《集韻》「澗𡾍」爲異體。「□□□」當改爲「□□□澗」。

三十二　霰

三十一頁九行□□□，「□」，非二篆體之字頭，「□」後奪字頭「□」，《集韻》「□□」爲異體；「□」後奪字頭

「靛」。當據補。

三十二頁二行迿胜,「胜」,誤,據《集韻》和篆體,當爲「迿」。

三十二頁三行⿰馬玄騂,「騂」,誤,當爲「⿰馬玄」。《集韻》「⿰馬甹⿰馬玄」爲異體。

三十三　線

三十二頁十行⿰氵選選,「選」,誤,當爲「⿰氵選」。《集韻》「⿰氵選潠」爲異體。

三十二頁十一行漩淀,「淀」,誤,當爲「漩」。《集韻》「漩淀」爲異體。

三十四　嘯

三十三頁十五行趠赳,「赳」,誤,當爲「趠」。《集韻》「踔超趠」爲異體。

三十三頁十六行鋽鈋,「鋽」,非「鈋」之篆體,篆體後奪字頭,據《集韻》,當爲「鋽」。

三十四頁二行敫徼,「敫」,非「徼」之篆體,篆體後奪字頭,據《集韻》,當爲「敫」。

三十五　笑

三十四頁八行𤻲縩,「𤻲」,非「縩」之篆體,篆體後奪字頭「𤻲」。《集韻》「療𤻲」爲異體。

三十六　效

三十五頁三行⿰月肖睄,「睄」,誤,當爲「⿰月肖」。《集韻》「⿰月翟⿰月肖」爲異體。

三十五頁六行曉昆，「昆」，誤，當爲「昆」。《集韻》「曉昆」爲異體。

三十七　號

三十五頁十二行火熇，據《集韻》和字頭，篆體右奪「高」，當爲「熇」。

三十五頁十六行泆澳，「泆」，非「澳」之篆體，篆體後奪字頭，據《集韻》和篆體，當爲「泆」。

三十五頁十六行昪覍，篆體後奪字頭，據《集韻》和篆體，當爲「昪」。

三十六頁四——五行耄⿱艹耄⿱艹耄，篆體後奪字頭「耄」，當據補。《集韻》「⿱艹耄耄⿱艹耄」爲異體。

三十六頁五行罞眊，「眊」，誤，當爲「眊」。《集韻》「罞眊」爲異體。

三十六頁十四行橯橯，「橯」，誤，當爲「橯」。《集韻》「橯橯」爲異體。

三十八　箇

三十七頁一行𧝓袔，「袔」，誤，當爲「袔」。《集韻》「𧝓袔」爲異體。

三十七頁三行𦲷，篆體後奪字頭「䔇」，當據補。《集韻》「苛䔇」爲異體。

三十九　過

三十七頁五行鍋剁，「鍋」，非「剁」之篆體，篆體後奪字頭，據《集韻》和篆體，當爲「鍋」。

三十七頁十二行倮倮侒，《集韻》「倮侒倮」爲異體，「侒」當改爲「上同」。

三十七頁十四行挼捰，「捰」，誤，當爲「捰」。《集韻》「挼捰」爲異體。

四十　禡

三十八頁五行禘，「禘」，誤，據《集韻》和篆體，當爲「禡」。

三十九頁四行桀，「桀」，誤，當爲「舿」。《集韻》「舿艓」爲異體。

三十九頁五——六行詽进，《集韻》「詽进」爲異體，「进」當改爲「上同」。

三十九頁十一行控，「控」，誤，當爲「搋」。《集韻》「擫搋」爲異體。

四十一　漾

三十九頁十六行誣，「誣」，誤，當爲「鏗」。《集韻》「誙鏗」爲異體。

四十二　宕

四十一頁三行鍚，「鍚」，誤，當爲「鍚」。《集韻》「鍩鍚」爲異體。

四十三　映

四十二頁二行横，大典字頭、篆體同，但有出處，卷一萬三千八十四，横頁五六五一：横集韻見杜從古集篆古文韻海。宛委本當據補。

四十二頁六行菜，「菜」，誤，據《集韻》和篆體，當爲「禜」。

四十二頁八行病，「病」，誤，當爲「寎」。《集韻》「寎窉」爲異體。

四十四　静

四十二頁九行□□，《集韻》「輷轟」爲異體，大典字頭、篆體同，亦無出處，卷一萬三千八十四，輷頁五六六

○：□見杜從古集篆古文韻海。

四十五　勁

四十二頁十四行□倩，「倩」，誤，據《集韻》和篆體，當爲「掅」。

四十二頁十五行□□□□淨，「淨」，爲「□□□」之字頭，非「□」之字頭。「□」後奪字頭，據《集韻》，當爲「姘」。「□□□□淨」當改爲「□□□□淨□姘」。

四十三頁一——二行□□□正□□□□政，「□」、「□」同，「□□□正□□□□政」當改爲「□□□正□上同□□□□政」。

四十三頁四行□□，「□」，誤，當爲「竀」。《集韻》「䚋竀」爲異體。

四十三頁五行□□，「□」，誤，當爲「高」。《集韻》「高庼」爲異體。

四十六　徑

四十三頁九行□□，「□」，誤，據《集韻》，當爲「鑋」。

四十三頁九行□□□，「□」，誤，當爲「脛」。《集韻》「踁脛」爲異體。

四十七　證

四十三頁十六行、四十四頁一行𦢊𦢊，「𦢊」，誤，當爲「勝」。《集韻》「兖勝」爲異體。

四十四頁三行犨犨，「犨」，誤，當爲「犨」。《集韻》「犫犨」爲異體。

四十四頁三行鬵甑甑，「甑」，誤，當爲「甑」。《集韻》「鬵甑」爲異體；「䰝」，非「甑」之篆體，「䰝」後奪字頭「䰝」。「鬵䰝甑」當改爲「鬵甑䰝䰝」。

四十九　宥

四十五頁三行頄頄，「頄」，誤，當爲「頍」。《集韻》「頄頍」爲異體。

四十五頁九行褎褎，「褎」，誤，當爲「褎」。《集韻》「褏褎」爲異體。

四十五頁十四行精精，「精」，誤，據《集韻》和篆體，當爲「精」。

五十　候

四十七頁三行佝佝，「佝」，誤，當爲「怐」。《集韻》「怐佝」爲異體。

四十七頁五行㲉㲉，「㲉」，誤，當爲「𣪊」。《集韻》「㲉𣪊」爲異體。

四十七頁七行𣪊𣪊，「𣪊」，非「𣪊」之篆體，篆體後奪字頭，據《集韻》，當爲「瞉」。

四十七頁八行嘔嘔，《集韻》「嘔嘔」爲異體，篆體左爲「口」，誤，當爲「回」。

四十七頁十一行侮侮，「侮」，誤，據《集韻》和篆體，當爲「侮」。

四十七頁十五行□□，「□」，誤，當爲「⿰金阝」。《集韻》「⿰丑阝⿰金阝」爲異體。

四十八頁三行□□，「□」，非「□」之篆體，據《集韻》，篆體後奪字頭「扇」，當據補。

五十二　沁

四十八頁九行□，據《集韻》，篆體後奪字頭「祲」，當據補。

四十八頁十六行□□，「□」，誤，當爲「癊」。《集韻》「陰癊」爲異體。

五十三　勘

四十九頁五行□□，「□」，誤，當爲「⿰月臽」。《集韻》「⿰缶臽⿰月臽」爲異體。

四十九頁五行□□□，「□」，爲「□□」之字頭，非「□」之字頭，「□」後奪字頭，據《集韻》，當爲「⿰缶音」。

五十五　豔

五十頁一行□□，「□」，非「□」之篆體，篆體後奪字頭，據《集韻》，當爲「噞」。

五十六　㮇

五十頁八行□□□，「□」，誤，據《集韻》和篆體，當爲「⿱殹心」。

五十七　釅

五十頁十一行□□，「□」，誤，當爲「鹻」。《集韻》「⿰鹵嚴鹻」爲異體。

五十八　陷

五十頁十五行□□，大典字頭、篆體同，但有出處，卷一萬九千四百二十六，摲頁七二九八：□集韻見杜從古集篆古文韻海。宛委本當據補。

「醮」，宛委本未見，大典有字頭、篆體和出處，卷一萬九千四百十六，醮頁七一八九：□集韻見杜從古集篆古文韻海。宛委本當據補。

五十頁十六行□□□，大典字頭、篆體同，但有出處，卷一萬九千四百十六，站頁七一八九：□集韻見杜從古集篆古文韻海；「□」，非「□」之篆體，「□」之篆體未見，大典「詀」字有篆體，且有出處，卷一萬九千四百二十六，詀頁七二九七：□集韻□同上並見杜從古集篆古文韻海。宛委本當據補。

五十九　鑑

五十一頁二行□□，據《集韻》，「□」爲「□」之篆體，非「□」之篆體，「讒」之篆體未見，大典「讒」字有篆體，且有出處，卷一萬九千四百二十六，讒頁七二九七：□集韻見杜從古集篆古文韻海。宛委本當據補。

五十一頁三行□□，「□」，誤，當爲「欃」。《集韻》「艬欃」爲異體，大典字頭、篆體同，但有出處，卷一萬九千四百二十六，艬頁七二九七：□集韻見杜從古集篆古文韻海。宛委本當據補。

卷五　入聲

一　屋

一頁七行晡，「晡」，誤，當爲「晚」。《集韻》「晗晚」爲異體。

一頁八行榭，「榭」，誤，據《集韻》和篆體，當爲「槲」。

一頁八行鍪，「鍪」，誤，據《集韻》和篆體，當爲「轂」。

一頁十二行大木沐毣，「大」爲「木」之篆體，非「沐、毣」二字之篆體，「沐、毣」二字篆體未見，而大典二字有篆體，且有出處，卷一萬九千六百三十六，沐頁七三〇〇：　集韻見杜從古集篆古文韻海、毣頁七三〇五：　集韻見杜從古集篆古文韻海。宛委本當據補。

一頁十二行桼，大典字頭、篆體同，但有出處，卷一萬九千六百三十六，桼頁七三〇五：　說文見杜從古集篆古文韻海。宛委本當據補。

一頁十三行鶩蚊，「蚊」，誤，當爲「蚞」；「鶩」，大典字頭、篆體同，但有出處，卷一萬九千六百三十六，鶩頁七三〇五：　說文見杜從古集篆古文韻海；「蚞」之篆體未見，而大典「蚞」字有篆體，且有出處；蚞頁七三〇六：　集韻見杜從古集篆古文韻海。宛委本當據補。

一頁十五行遂，「遂」，誤，據《集韻》和篆體，當爲「藗」。

二頁一行[illegible]，篆體後奪字頭，據《集韻》和篆體，當爲「[illegible]」。

二頁八行[illegible]，篆體後奪字頭，據《集韻》和篆體，當爲「琭」。

二頁十行[illegible][illegible]，大典有二個篆體，其中一個與宛委本同，且有出處，卷一萬九千七百四十三，录頁七三七〇：[illegible]汗簡[illegible]仲駒文敦並見杜從古集篆古文韻海。宛委本當據補。

二頁十行[illegible][illegible]，大典字頭、篆體同，但有出處，卷一萬九千七百四十三，[illegible]頁七三七三：[illegible]集韻見杜從古集篆古文韻海。宛委本當據補。

二頁十一行[illegible][illegible]，大典字頭、篆體同，但有出處，卷一萬九千七百四十三，摝頁七三七〇：[illegible]集韻見杜從古集篆古文韻海。宛委本當據補。

二頁十一行[illegible][illegible]，大典字頭、篆體同，但有出處，卷一萬九千七百四十三，鱳頁七三七一：[illegible]集韻見杜從古集篆古文韻海。宛委本當據補。

二頁十二行[illegible][illegible]，大典有二個篆體，其中一個與宛委本同，且有出處，卷一萬九千七百四十三，龣頁七三七三：[illegible][illegible]並集韻見杜從古集篆古文韻海。宛委本當據補。

二頁十二行[illegible][illegible][illegible]，「[illegible]」爲「[illegible]」之篆體，非「[illegible]」之篆體，「蹗」之篆體未見，而大典「蹗」字有篆體，且有出處，卷一萬九千七百四十三，蹗頁七三七二：[illegible]集韻見杜從古集篆古文韻海。宛委本當據補。

二頁十二行[illegible][illegible]，大典字頭、篆體同，但有出處，卷一萬九千七百四十三，[illegible]頁七三七三：[illegible]集韻見杜從古集篆古文韻海。宛委本當據補。

二頁十二行[illegible][illegible]，大典字頭、篆體同，但有出處，卷一萬九千七百四十三，粶頁七三七三：[illegible]集韻見杜從古集篆古文韻海。宛委本當據補。

二頁十二行，大典字頭、篆體同，但有出處，卷一萬九千七百四十三，《集韻》「聾」通作「[illegible]」，[illegible]頁七三七二：集韻見杜從古集篆古文韻海。宛委本當據補。

三頁一——二行伏上同，大典字頭、篆體同，但有出處，卷一萬九千七百八十三，伏頁七四〇三：雲臺碑古老子王存乂切韻或如此華嶽碑義雲章並見杜從古集篆古文韻海。宛委本當據補。

「慮」，宛委本未見，大典有字頭、篆體和出處，卷一萬九千七百八十四，慮頁七四二三：王存乂切韻見杜從古集篆古文韻海。宛委本當據補。

三頁二——三行服上同，大典有九個篆體，其中三個與宛委本同，且有出處，卷一萬九千七百八十五，服頁七四二五：敦寅簋彝蓋並古老子古文並見杜從古集篆古文韻海。宛委本當據補。

三頁五——六行目，大典有七個篆體，其中四個與宛委本同，且有出處，卷一萬九千六百三十六，目頁七三〇六：古論語禾耳鬲並古老子汗簡古文並見杜從古集篆古文韻海。宛委本當據補。

四頁三行竹，大典有二個篆體，其中一個與宛委本同，且有出處，卷一萬九千八百六十五，竹頁九二七八：汗簡雲臺碑並見杜從古集篆古文韻海。宛委本當據補。

五頁二行駒，《集韻》「[illegible][illegible]」爲異體，大典字頭、篆體同，但有出處，卷一萬九千七百八十二，[illegible]頁七四〇一：集韻見杜從古集篆古文韻海。宛委本當據補。

二　沃

五頁九行上同，《集韻》「艁[illegible]」非異體，「上同」，誤，當爲「[illegible]」。

五頁十四行□□，「□」，誤，當爲「犨」。《集韻》「㸿犨」爲異體。

三　燭

六頁十行□□，「□」，誤，據《集韻》和篆體，當爲「鞝」。

六頁十五行□□□，「□□」，非「□」之篆體，篆體後奪字頭，據《集韻》和篆體，當爲「壘」。

七頁一行□□□，「□」爲「局」之篆體，「□」，非「局」之篆體，「□」後奪字頭「跼」，當據補，「□□□」當改爲「□□跼」；「跼」，大典字頭、篆體同，但有出處，卷一萬九千七百八十二，跼頁七四〇〇：□南嶽碑見杜從古集篆古文韻海。宛委本當據補。

四　覺

七頁六行□□□□□，《集韻》「榷梏」非異體，「□□」，誤，當改爲「梏」。

七頁七行□□，「□」，誤，當爲「瑴」。《集韻》「瑴珏」爲異體。

七頁九行□，篆體後奪字頭，據《集韻》和篆體，當爲「礐」。

七頁十六行□□□□□□，「□」，非「□」、「□」之字頭，據《集韻》，「□」、「□」的字頭分別爲「樸墣」。「□□□□□□」當改爲「□樸□□上同□墣」。

八頁十五行□，篆體後奪字頭「擢」，當據補。《集韻》「擢藋」爲異體。

五　質

九頁三行□□，《集韻》「嘖讀」爲異體，篆體右奪「□」。

九頁十行[seal]，「[seal]」，誤，當爲「漆」。《集韻》「漆柒」爲異體，「[seal]」等爲「漆」之篆體，「[seal]」，非「漆」之篆體，「[seal]」後奪字頭「桼」，當據補；《集韻》「桼䰍」爲異體。「[seal]」當改爲「[seal]桼[seal]漆[seal]同上」。

九頁十二行[seal]廿[seal]，大典有十五個篆體，其中四個與宛委本同，且均有出處，卷二萬三百十，疾頁七五九七：[seal]並古論語[seal]李斯嶧山碑[seal]寅簋[seal]並庬敦[seal]牧敦[seal]並秦權[seal]秦泰山石刻[seal]籀文廿[seal]並集韻並見杜從古集篆古文韻海。宛委本當據補。

十頁二行[seal]，「[seal]」，誤，當爲「蝁」。《集韻》「蝁蝁」爲異體。

十頁八行[seal]，據《集韻》，「[seal]」爲「[seal]」之篆體，「[seal]」爲「[seal]」之篆體，「[seal]」當改爲「[seal]」。

十頁十三行[seal]，「[seal]」，誤，據《集韻》和篆體，當爲「佾」。

十頁十五行[seal]，大典有四個篆體，其中二個與宛委本同，且有出處，卷二萬三百九，壹頁七五九二：[seal]秦詛楚文[seal]並秦權[seal]汗簡並見杜從古集篆古文韻海。宛委本當據補。

十頁十五行[seal]，大典有二個篆體，其中一個與宛委本同，且有出處，卷二萬三百九，噎頁七五九六：[seal]並集韻見杜從古集篆古文韻海。宛委本當據補。

十頁十六行[seal]，據《集韻》，當改爲「[seal]」。「乙」，大典有十一個篆體，其中二個與宛委本同，且有出處，卷二萬三百九，乙頁七五九三：[seal]父乙彝[seal]祖乙爵[seal]父乙爵[seal]祖乙彝[seal]晉姜鼎[seal]女乙觚[seal]乙鼎[seal]雌尊[seal]識敦[seal]師[seal]敦[seal]父乙彝並見杜從古集篆古文韻海，但「[seal]」爲大典所無；「鳦」，大典有二個篆體，其中一個與宛委本同，且有出處，鳦頁七五九五：[seal]說文[seal]郭昭卿字指並見杜從古集篆古文韻海。宛委本當據補。

十一頁三行[seal]，「[seal]」，誤，當爲「趥」。《集韻》「趥趉」爲異體。

六　術

十一頁五行[illegible]沐，「沐」，誤，當爲「沭」。《集韻》「澌沭」爲異體。

十一頁八行[illegible]戍，「戍」，誤，當爲「珬」。《集韻》「球珬」爲異體。

十一頁十二行[illegible][illegible]，「[illegible]」，誤，當爲「跊」。《集韻》「狘跊」爲異體。

十一頁十四行[illegible][illegible]，「[illegible]」，誤，當爲「箻」。《集韻》「篳箻」爲異體。

七　櫛

十二頁二行[illegible][illegible]，「[illegible]」，誤，當爲「瑟」。《集韻》「琗瑟」爲異體。

八　勿

十二頁十一行[illegible]怫，「怫」，非「[illegible]」之字頭，篆體後奪字頭，爲「跳」。《集韻》「跳趉」爲異體。

十二頁十二行[illegible][illegible]同上，「[illegible]」後奪字頭「搰」。《集韻》「扤搰摣」爲異體，當據補。

十三頁一行[illegible][illegible]，「[illegible]」，誤，當爲「噎」。《集韻》「饐噎」爲異體。

九　迄

十三頁三行[illegible][illegible]，「[illegible]」，誤，據《集韻》和篆體，當爲「肸」。

十三頁四行[illegible]乞[illegible]同上，「乞」，非「[illegible]」之字頭，「[illegible]」後奪字頭，據《集韻》，當爲「汽」；「[illegible]」之字頭爲「气」，《集

韻》「气乞」爲異體。「气乞气同上」当改爲「气汽气乞」。

十三頁五行屹屹，已見於八勿十三頁一行，重出，當删。

十　月

十三頁八行翊翊，「翊」誤，當爲「玥」。《集韻》「玔玥」爲異體。

十三頁十五行訐，篆體後奪字頭，據《集韻》和篆體，當爲「訐」。

十一　没

十四頁七行郣渤渤同上，據《集韻》，「郣」，爲「郣」之篆體，非「渤」之篆體，「渤」，爲「渤」之篆體。「郣渤渤同上」當改爲「郣郣渤渤」。

十四頁八行䴺韸，「韸」誤，據《集韻》和篆體，當爲「䴺」。

十四頁八行鋍𩱐，「𩱐」，誤，當爲「鬻」。《集韻》「鋍鬻」爲異體。

十四頁十行脺脆，「脆」，誤，當爲「胉」。《集韻》「脺胉」爲異體。

十四頁十一行揬抉，「抉」，誤，據《集韻》和篆體，當爲「揬」。

十四頁十六行䬍趵颮颮同上，《集韻》「䬍颮」爲異體，「䬍趵」非異體。「䬍趵颮颮同上」當改爲「䬍趵颮颮颮同上」。

十五頁三行寣𥨂，「𥨂」，誤，據《集韻》和篆體，當爲「寣」。

十二 曷

十五頁十四行咅奇，「奇」，誤，據《集韻》和篆體，當爲「咅」。

十五頁十五行粲[illegible]，「[illegible]」，誤，當爲「粲」。《集韻》「撒粲」爲異體。

十六頁五行喇唎，「唎」，誤，據《集韻》和篆體，當爲「喇」。

十三 末

十六頁十行髺髻，「髻」，誤，當爲「髺」。《集韻》「鬠髺」爲異體。

十六頁十一行眓[illegible]，「眓」，非「[illegible]」之篆體，篆體後奪字頭，據《集韻》，當爲「眓」。

十六頁十二行聒[illegible]，「[illegible]」，誤，當爲「聒」。《集韻》「[illegible]」通作「聒」。

十七頁一行鏺鏺劉，《集韻》「劉鏺」爲異體，「鏺」與「劉」當爲異體，「劉」後奪「同上」二字，當據補。

十四 黠

十七頁十行乙[illegible]，「[illegible]」，誤，據《集韻》和篆體，當爲「鳦」。

十七頁十一行茇拔，「拔」，誤，據《集韻》和篆體，當爲「茇」。

十七頁十四行処处，「处」，誤，當爲「処」。《集韻》「夗処」爲異體。

十七頁十五行昒[illegible]，「[illegible]」，誤，據《集韻》和篆體，當爲「昒」。

十七頁十六行寠[illegible]，「[illegible]」，誤，當爲「寠」。《集韻》「頟寠」爲異體。

十七頁十六行瘵疾，「疾」，誤，據《集韻》和篆體，當爲「瘵」。

十五　轄

十八頁五行窶寠，「寠」，誤，據《集韻》和篆體，當爲「窶」。

十六　屑

十八頁十二行叐攺，「攺」，誤，當爲「敀」。《集韻》「叐敀」爲異體。

十八頁十三行节節，「節」，誤，當爲「節」。《集韻》「節卪」爲異體。

十八頁十三行蜍蟝，「蟝」，誤，當爲「蟝」。《集韻》「蜍蟝」爲異體。

十九頁十三行趹趹，「趹」，非「趹」之篆體，篆體後奪字頭，據《集韻》，當爲「趹」。

十九頁十三行雉鴂，「鴂」，誤，據《集韻》和篆體，當爲「鴂」。

二十頁四行谷谺，據《集韻》和字頭，篆體奪「谺」，當爲「谺谷」。

十七　薛

二十一頁一——二行蚰蜒苪同上蚰苪同上，《集韻》「蚰蜒」爲異體，「蚰苪」非異體。「蚰蜒苪同上蚰苪同上」當改爲「蚰蜒苪苪蚰苪同上」。

二十一頁四行眹眣，「眣」，誤，據《集韻》和篆體，當爲「眹」。

二十一頁八行[illegible]同上[illegible]，據《集韻》，「[illegible]」，非「[illegible]」之篆體，「[illegible]」與「[illegible]」爲異體，當改爲「[illegible]同上[illegible]」。

二十一頁十一行[篆][篆]，「[篆]」，誤，據《集韻》和篆體，當爲「泧」。

二十一頁十一行[篆][篆]，「[篆]」，誤，當爲「決」。《集韻》「翃決」爲異體。

二十一頁十五行[篆]，篆體後奪字頭，據《集韻》和篆體，當爲「蘖」。

二十一頁十六行[篆][篆][篆]，《集韻》「闑臬槷」爲異體。「[篆]」與「[篆]」當爲異體，「[篆]」，誤，當爲「闑」，當改爲「[篆]闑[篆]同上」。

二十二頁二行[篆][篆][篆][篆]，據《集韻》和篆體，「[篆]」，非「[篆]」之字頭，篆體後奪字頭，當爲「[篆]」。

二十二頁三行[篆][篆]，「[篆]」，誤，當爲「擾」，《集韻》「[illegible]擾」爲異體。

十八　藥

二十二頁六行[篆][篆]，據《集韻》，「[篆]」，非「[篆]」之篆體，篆體後奪字頭，當爲「[illegible]」。

二十二頁十一行[篆][篆]，「[篆]」，誤，當爲「[illegible]」。《集韻》「[illegible]棤」。

二十二頁十一行[篆][篆]，「[篆]」，誤，當爲「汋」。《集韻》「芍汋」爲異體。

二十二頁十二行[篆][篆]，篆體下奪「[篆]」，當爲「[篆]」。《集韻》「雀[illegible]」爲異體。

二十二頁十三行[篆]，篆體奪字頭，據《集韻》和篆體，當爲「[illegible]」。

二十三頁四行[篆][篆]，「[篆]」，誤，據《集韻》和篆體，當爲「逴」。

二十三頁五行[篆][篆][篆][篆][篆]，據《集韻》，「[篆]」，非「略」之篆體，「[篆]」後奪字頭「䂮」，當據補；「[篆]」與「[篆]」非異體，「[篆]」爲「䂮」之篆體，「同上」當改爲「䂮」。

二十三頁七行[篆][篆]，「[篆]」，誤，當爲「屩」。《集韻》「轎屩」爲異體。

二十三頁十行獲獲，「獲」，非「獲」之篆體，篆體後奪字頭，據《集韻》，當爲「貜」。

十九　鐸

二十三頁十四行燡澤，「澤」，誤，據《集韻》和篆體，當爲「澤」。

二十三頁十六行欜榛，「榛」，誤，據《集韻》和篆體，當爲「欜」。

二十四頁一行佰祏，「祏」，誤，據《集韻》和篆體，當爲「祏」。

二十四頁十一行鑮鎛，篆體右奪「薄」，當爲「鑮」。《集韻》「鎛鑮」爲異體。

二十五頁二行貈貉，大典有三個篆體，其中一個與宛委本同，且有出處，卷二萬二千一百八十，貉頁七八五一：貈貉並古論語貉集韻見杜從古集篆古文韻海。宛委本當據補。

二十五頁八行篧獲，「篧」，非「獲」之篆體，「篧」，後奪字頭「擭」。《集韻》「篧擭」爲異體。

二十五頁八行矐鄒，「鄒」，誤，當爲「瞗」。《集韻》「瞗矐」爲異體。

二十五頁九行劇劇劇同上劇劇，《集韻》「劇劚」爲異體，「劇劇劇同上劇劇」當改爲「劇劇劇劇劇劇同上」。

二十五頁十一行獲獲，「獲」，據《集韻》和篆體，當爲「臒」。

二十　陌

「陌」，宛委本未見，大典有字頭、篆體和出處，卷二萬二千一百八十，陌頁七八四八：陌說文見杜從古集篆古文韻海。宛委本當據補。

二十六頁七——八行𠮷𠮷𠮷亦格斦戜，《集韻》「戜斦」爲異體。「𠮷𠮷𠮷亦格斦戜」當改爲「𠮷𠮷𠮷格亦斦斦同上」。

二十五頁十三行[篆]貊，大典有三個篆體，其中一個與宛委本同，且有出處，卷二萬二千一百八十，貊頁七八五一：[篆]古論語[篆]義雲章[篆]古尚書並見杜從古集篆古文韻海。宛委本當據補。

二十五頁十三行[篆]⿰馬百[篆]貊驀，「貊」，誤，爲「⿰馬百」，當改爲「同上」，《集韻》「狛⿰馬百」爲異體，大典僅一個篆體，但有出處，卷二萬二千一百八十，⿰馬百頁七八五二：[篆]集韻見杜從古集篆古文韻海；「[篆]」等非「驀」之篆體，「驀」之篆體未見，而大典「驀」字有篆體，且有出處，驀頁七八五三：[篆]說文見杜從古集篆古文韻海。宛委本當據補。

「貘」，宛委本未見，大典有字頭、篆體和出處，卷二萬二千一百八十，貘頁七八五二：[篆]集韻見杜從古集篆古文韻海。宛委本當據補。

二十六頁十行[篆]貘，據《集韻》，篆體右奪「[篆]」，當爲「[篆]」。

二十六頁十一行[篆]，篆體後奪字頭，據《集韻》，當爲「砉」。

二十一　麥

二十七頁五行[篆]麥[篆]同上，大典有三個篆體，其中二個與宛委本同，且有出處，卷二萬二千一百八十一，麥頁七八五四：[篆]義雲章[篆]古孝經[篆]汗簡並見杜從古集篆古文韻海。宛委本當據補。

二十七頁六行[篆]，篆體下奪「[篆]」，當爲「[篆]」。《集韻》「蘗檗」爲異體。

二十七頁十行[篆]，篆體後奪字頭，當爲「賾」。《集韻》「嘖賾」爲異體。

二十七頁十行[篆]責，篆體右奪「[篆]」，當爲「[篆]」。《集韻》「責謮」爲異體。

二十七頁十二行[篆]特，「特」，誤，當爲「植」。《集韻》「㯖植」爲異體。

二十七頁十二行[篆]睸，「睸」，誤，當爲「矡」。《集韻》「矡眲」爲異體。

二十七頁十五行硯硯，「硯」，誤，當爲「⿸厂見」。《集韻》「⿸厂晛⿸厂見」爲異體。

二十八頁一行翻減或同上，「減」，誤，當爲「⿰犭或」。《集韻》「翻⿰犭或」爲異體，「翻⿰口或」非異體，「同上」當改爲「⿰口或」。

二十二　昔

二十八頁六行蔿蔿，《集韻》「⿱艹溈蔿」爲異體，篆體右下奪「[illegible]」，當爲「[illegible]」。

二十八頁十行八夕，大典有八個篆體，其中一個與宛委本同，且有出處，卷二萬三百五十四，夕頁七六三〇：八夕寅簋夕龍敦夕牧敦夕伯冏父敦夕秦盄和鐘八汗簡夕單冏父癸彝並見杜從古集篆古文韻海。宛委本當據補。

二十八頁十六行摭撫，「撫」，誤，當爲「摭」。《集韻》「摭摕」爲異體。

二十九頁二行隰鄺，「鄺」，誤，當爲「鄺」。《集韻》「隰鄺」爲異體。

二十九頁七行⿰耒昜釋，「釋」，誤，當爲「⿰耒睪」。《集韻》「⿰耒睪⿰耒昜」爲異體。

二十九頁十行辵辟，《集韻》「⿱辟止躃」爲異體，篆體上奪「辟」，當爲「避」。

二十九頁十二行⿱辟廾辟，「辟」，誤，當爲「⿱辟廾」。《集韻》「⿱辟廾⿱辟廾」爲異體。

二十三　錫

二十九頁十六行析析，「析」，誤，當爲「析」。《集韻》「析枂」爲異體。

三十一頁一行戚戚戚戚鍼，《集韻》「戚鏚」爲異體，「鍼」，當改爲「同上」。

三十一頁四行櫪歷，「櫪」，非「歷」之篆體，「櫪」後奪字頭「櫪」，《集韻》「⿰木麻通作櫪」，當據補。

三十一頁十行檄檄，大典字頭、篆體同，但有出處，卷二萬八百五十，檄頁七七六九：檄說文見杜從古集篆古文韻海。宛委本當據補。

三十一頁十行矜殺，「殺」，當爲「殺」。《集韻》「殺矜」爲異體。

二十四　職

三十一頁十五行戠職戠同上，大典有四個篆體，其中二個與宛委本同，且有出處，卷二萬四百七十八，職頁七一一：戠戠並古孝經戠王庶子碑職集韻並見杜從古集篆古文韻海。宛委本當據補。

三十三頁二行⿰黑喜〔篆〕，「⿰黑喜」，非「〔篆〕」之篆體，據《集韻》，「⿰黑喜」後奪字頭「⿰黑喜」，當據補。

三十三頁六行減〔篆〕，「減」，非「〔篆〕」之篆體，篆體後奪字頭，據《集韻》和篆體，當爲「減」。

三十三頁七行魆〔篆〕，「魆」，非「〔篆〕」之篆體，篆體後奪字頭，據《集韻》和篆體，當爲「魆」。

三十三頁八行福〔篆〕，「〔篆〕」，誤，據《集韻》和篆體，當爲「福」。

三十三頁七行輱緎黓緎，《集韻》「輱黓緎」爲異體，「輱」與「黓」當爲異體，第二字頭「緎」當改爲「同上」。

三十三頁十行颫，篆體後奪字頭「颫」。《集韻》「颫⿺風畐」爲異體。

三十三頁十二行⿰米畐〔篆〕⿰禾畐〔篆〕，《集韻》「⿰米畐⿰禾畐」爲異體，「⿰米畐」與「⿰禾畐」當爲異體，「〔篆〕」當改爲「同上」。

三十三頁十二行服腷⿰革亟腷，《集韻》「服腷」、「⿰革亟⿰革亟」爲異體，「腷」，非「⿰革亟」之字頭。「服腷⿰革亟腷」當改爲「服腷腷同上⿰革亟⿰革亟」。

二十五　德

三十三頁十五行貣貣，「貣」，誤，據《集韻》和篆體，當爲「貣」。

三十四頁三行，篆體後奪字頭，當爲「萬」。《集韻》「⿱宀帶萬」爲異體。

二十六　緝

三十五頁二行⿰禾習，「⿰禾習」，誤，據《集韻》和篆體，當爲「褶」。

三十五頁五行⿰目戠，「⿰目戠」，誤，當爲「⿰日戠」。《集韻》「⿰日咠⿰日戠」爲異體。

三十五頁六行膱，「膱」，誤，當爲「膱」。《集韻》「膱⿰月咠」爲異體。

三十五頁十行胿，「胿」，誤，當爲「⿰月立」。《集韻》「⿰氵⿱立月⿰月立」爲異體。

三十五頁十五行，據《集韻》，篆體後奪字頭「岌」，當據補。

三十五頁十六行⿱艹⿰禾内，「⿱艹⿰禾内」，誤，當爲「⿱艹抐」。《集韻》「⿱艹抐⿱艹⿰糹囟」爲異體。

二十七　合

三十六頁十行⿰扌咨，「⿰扌咨」，誤，據《集韻》和篆體，當爲「韐」。

三十六頁十二行⿸厂王，「⿸厂王」，誤，當爲「⿸广立」。《集韻》「砬⿸广立」爲異體。

三十六頁十三行⿸尸丢，「⿸尸丢」，誤，據《集韻》和篆體，當爲「居」。

二十八　盍

三十七頁二行⿰言翕同上，《集韻》「⿰言翕⿰言⿱合羽」、「⿰舟翕⿰舟⿱合羽」爲異體，但「⿰言⿱合羽」、「⿰舟⿱合羽」非異體，「同上」當改爲「⿰舟翕」。

三十七頁二——三行碟同上，《集韻》「⿰石習碟」爲異體，「碟」與「⿰豕喿」非異體，「同上」，當改爲「⿰豕喿」。

二十九　葉

三十七頁十一行[篆][篆]，「[篆]」，誤，當爲「燁」。《集韻》「爗燁」爲異體。

三十七頁十五行[篆][篆]，據《集韻》，「[篆]」，非「[篆]」之篆體，「[篆]」後奪字頭，當爲「聶」。

三十八頁二行[篆][篆][篆]冋上，《集韻》「蹋躐」爲異體、「蹋」與「邋」非異體，「冋上」，當改爲「躐」。

三十八頁五行[篆]，篆體後奪字頭，當爲「弽」。《集韻》「⿰弓合弽」爲異體。

三十　帖

三十八頁十二行[篆][篆]，篆體右奪「[篆]」，當爲「[篆]」。《集韻》「呹詄」爲異體。

三十八頁十四行[篆][篆]，「[篆]」，誤，當爲「⿰口甄」。《集韻》「⿰言甄⿰口甄」爲異體。

三十一　業

三十九頁二行[篆][篆]，據《集韻》和字頭，篆體右奪「[篆]」，當爲「[篆]」。

三十九頁四行[篆][篆]，「[篆]」，誤，當爲「砝」。《集韻》「碧砝」爲異體。

三十四　乏

四十頁五——六行[篆][篆][篆][篆][篆][篆][篆][篆]法[篆][篆][篆]，《集韻》「法[篆]」爲異體，「[篆]」，當改爲「同上」。

《古老子》碑文

一、上平聲

一 東

通  同 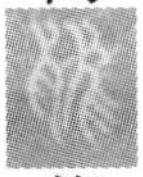 聾  工

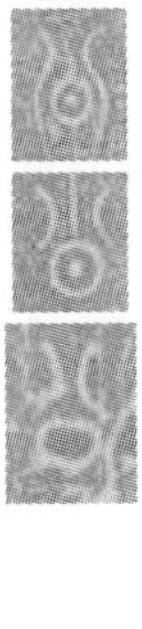

公  功  豐 風

終 衆  戎

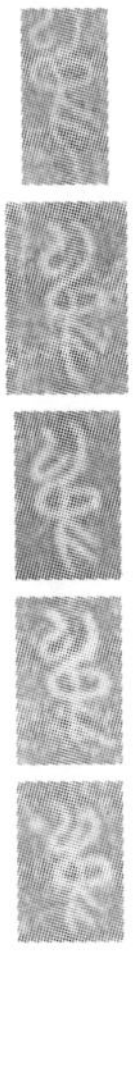

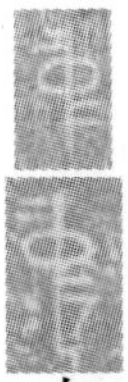

中 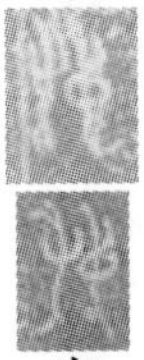 忠  蟲 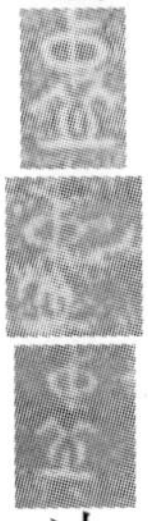 沖(盅)  雄  弓 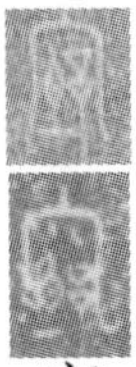 窮

二 冬

冬 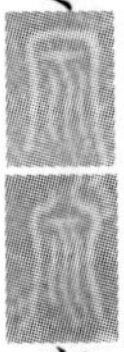 宗  攻

三　鍾

从

容

凶

四　江

江

降

五　支

施

吹

兒

斯

雎

疵

隨

知

馳

離

羸

披

弥

伎

陊

窺

奇

宜

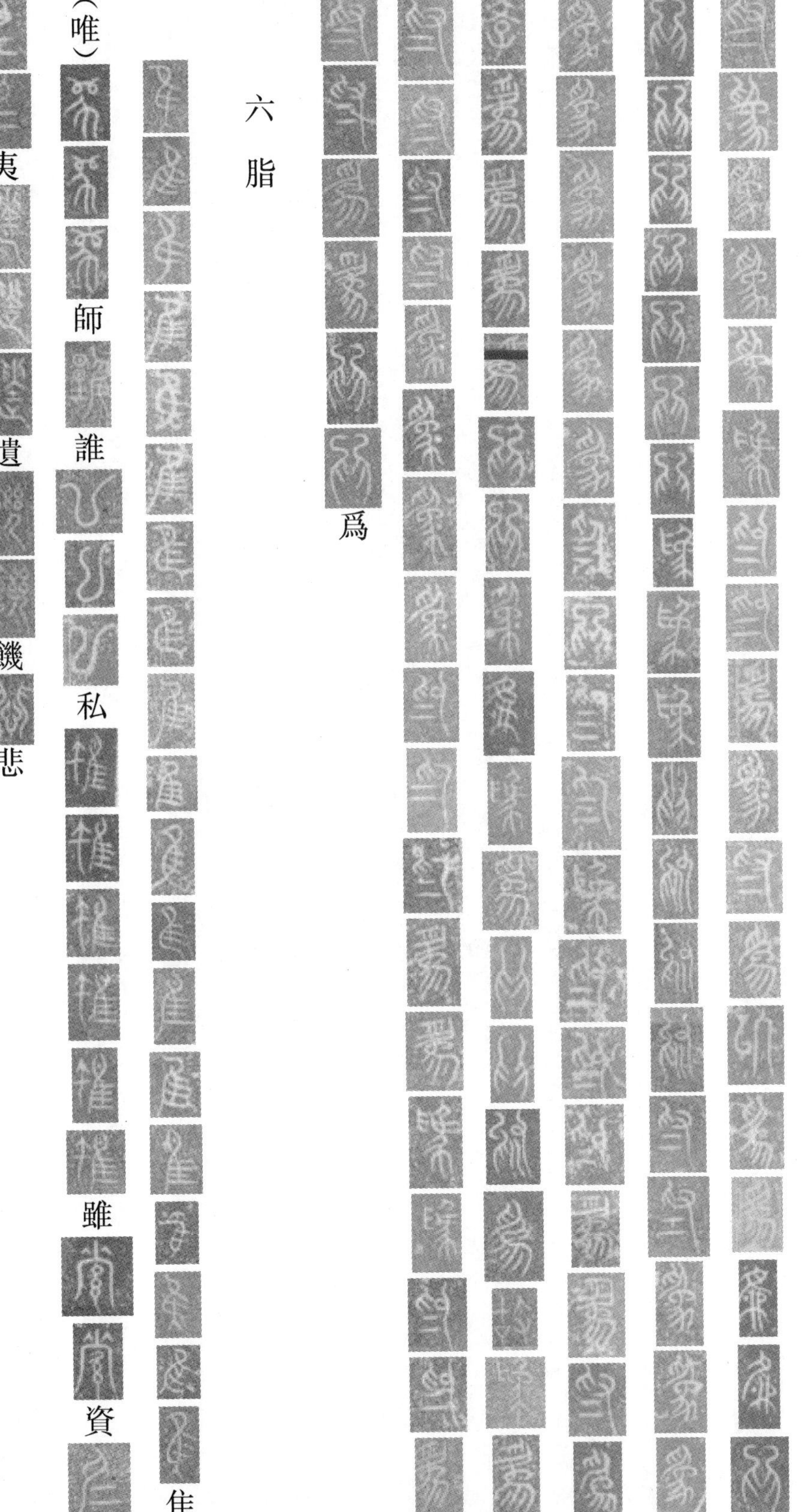

爲

六 脂

佳

（唯）

師

誰

私

雖

資

夷

遺

饑

悲

七 之

之

輜

時

而

司

慈

滋

辭

治

持

熙

基

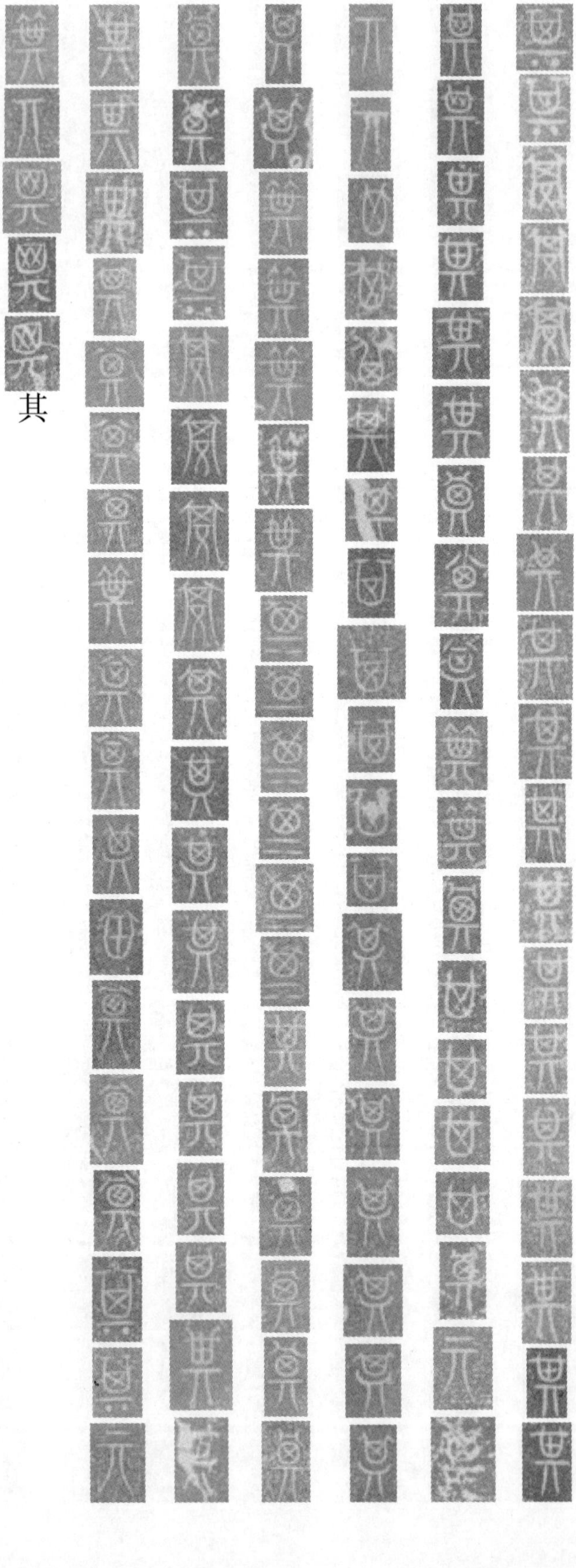

其

八微

微

非

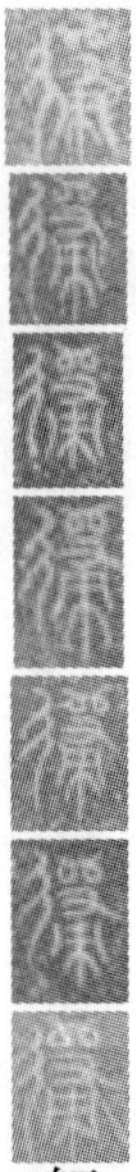

歸

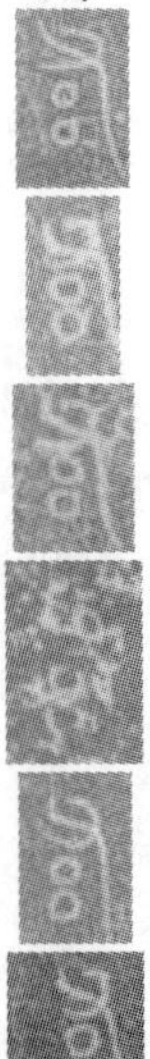

希

衣

威

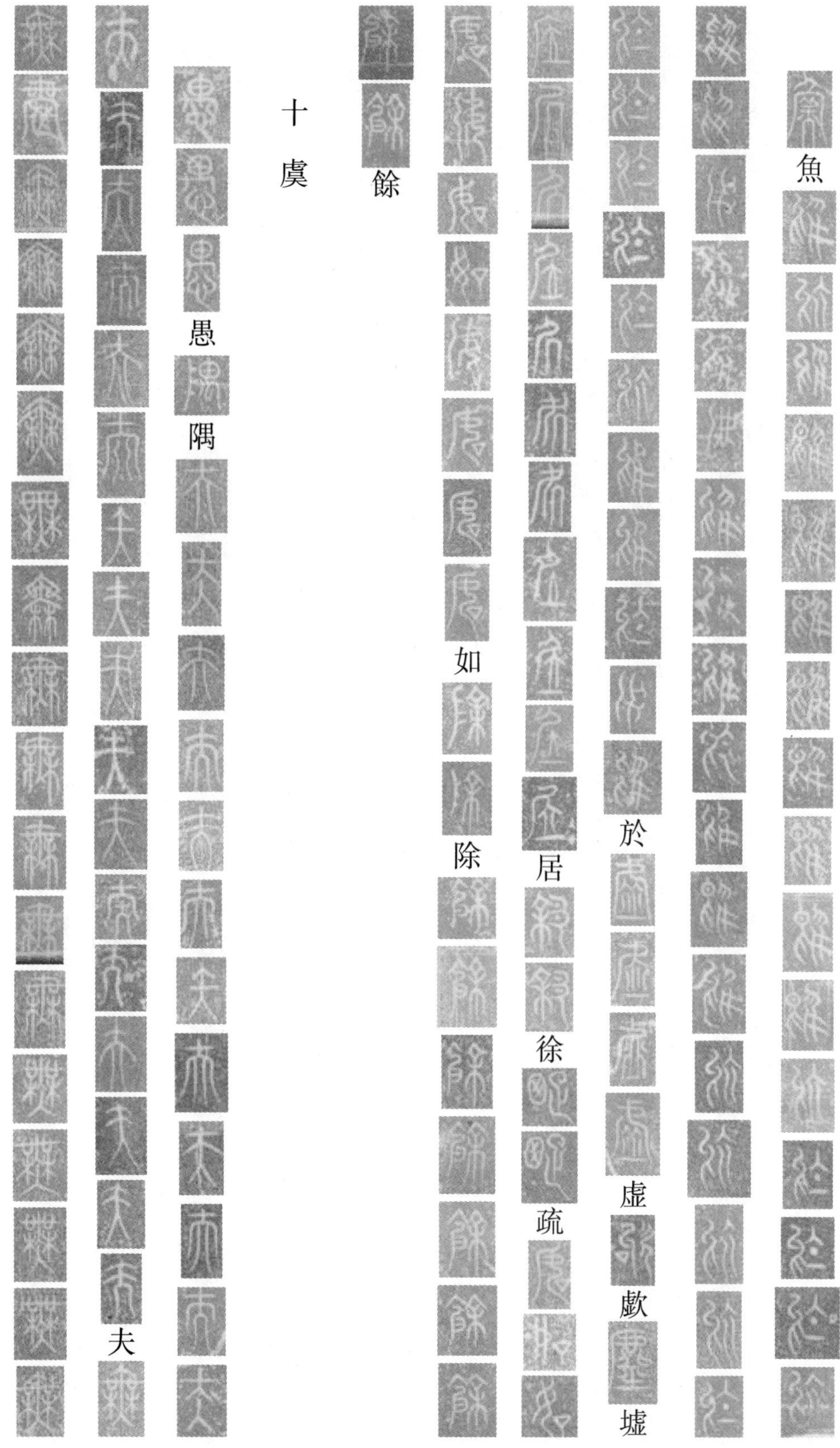
九 魚
魚
於
虛
歔
墟
居
徐
疏
如
除
餘
十 虞
愚
隅
夫

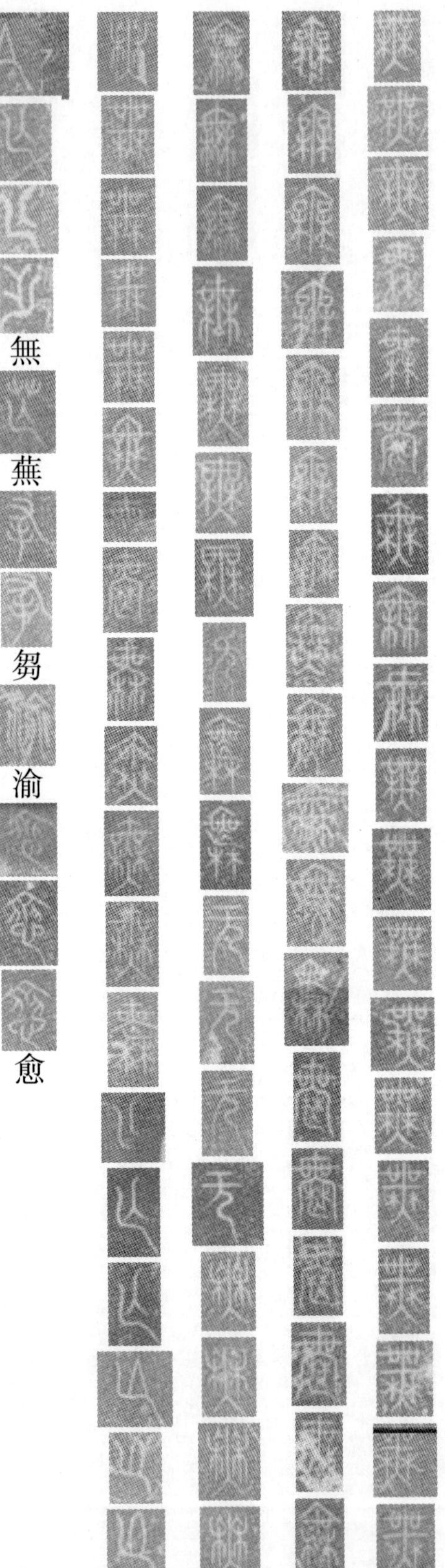

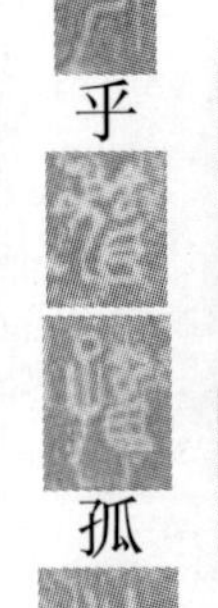

無

蕪

芻

渝

愈

十一　模

徒

圖

乎

孤

枯

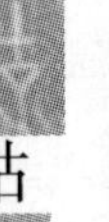
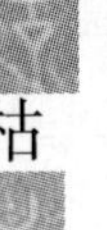
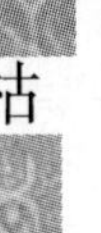

吾

十二　齊

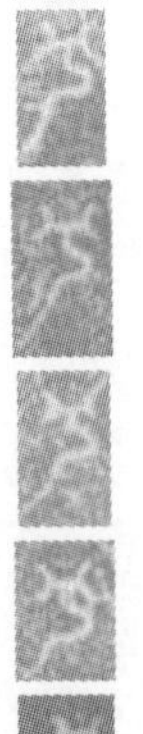
雞

稽

谿

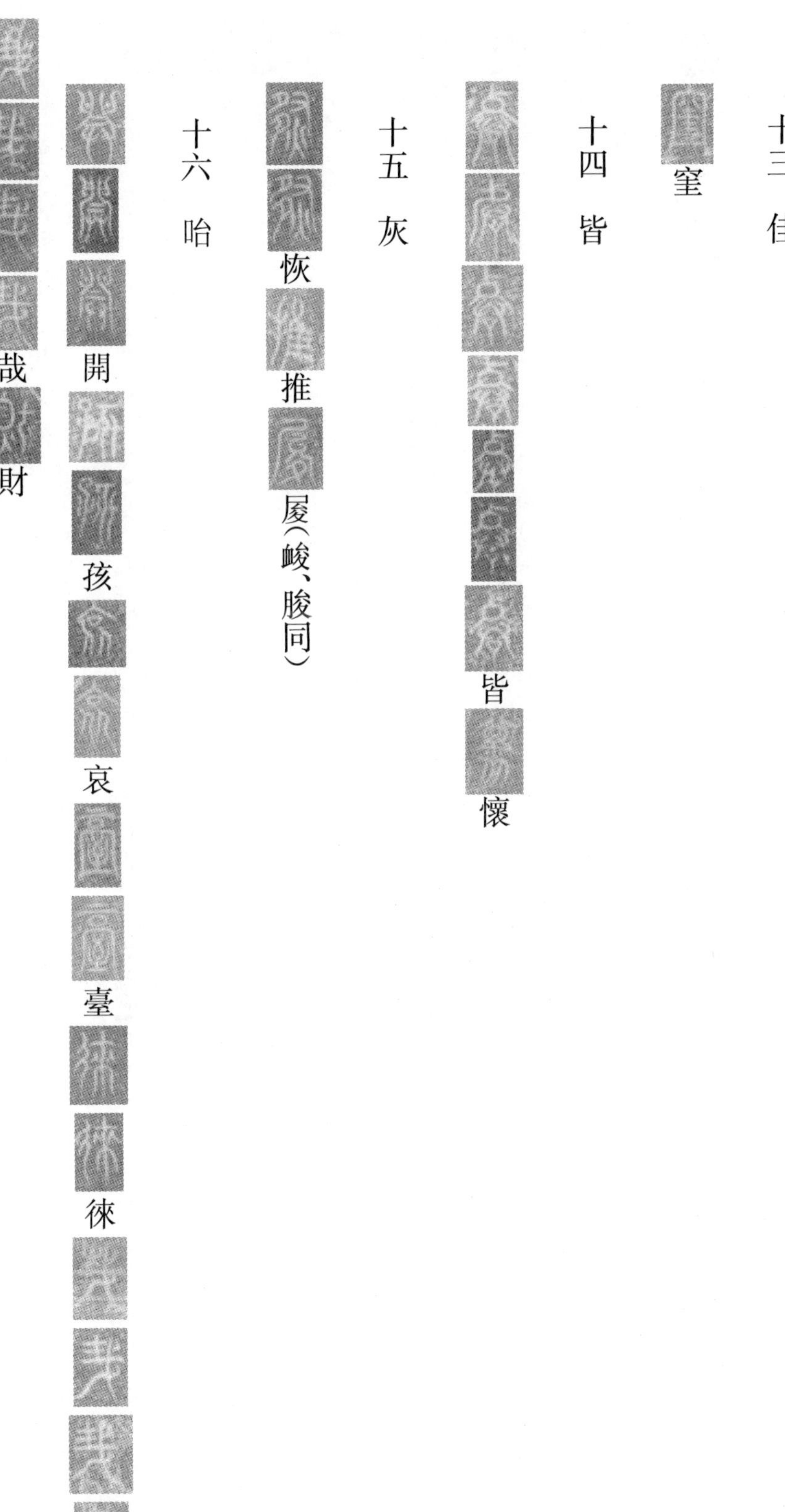

兮

麋（迷）

十三　佳

室

十四　皆

皆

懷

十五　灰

恢

推

屡（峻、朘同）

十六　咍

開

孩

哀

臺

徠

哉

財

十七　真

真　身　臣　神　人　仁　新　親　賓　民　貧　陳

塵

鄰

十八　諄

春

純

淳

朐

均

二十　文

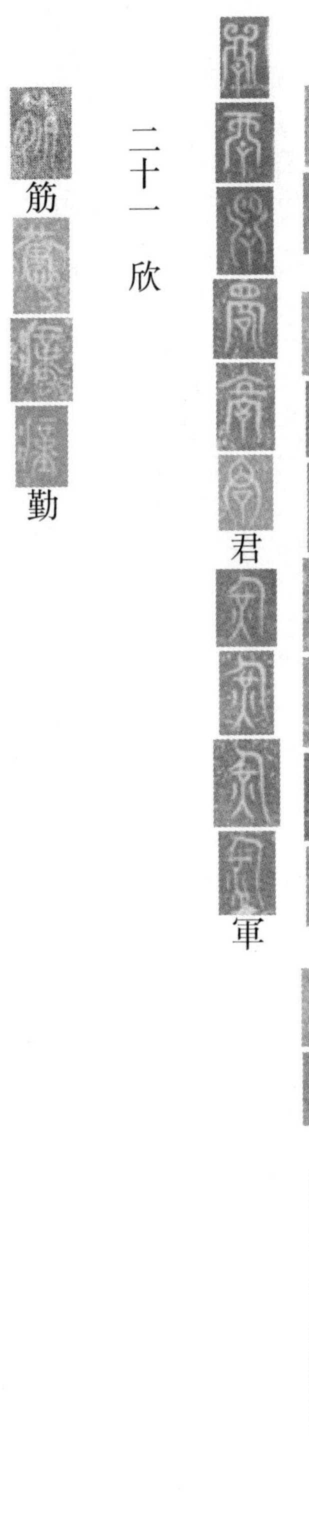

文

聞

紛

雲

蕓

君

軍

二十一　欣

筋

勤

二十二　元

言

焉

二十三　魂

渾

昆

昏

門

尊

孫

存

敦

二十四　痕

根

二十五　寒

寒

安

繟

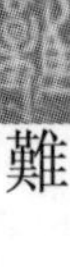
難

二十六　桓

官

觀

二十七　删

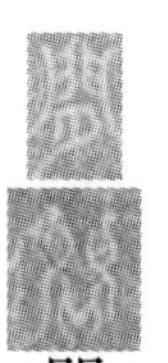

關

還

二十八　山

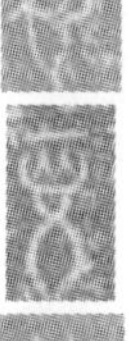

間

頑

二、下平聲

一　先

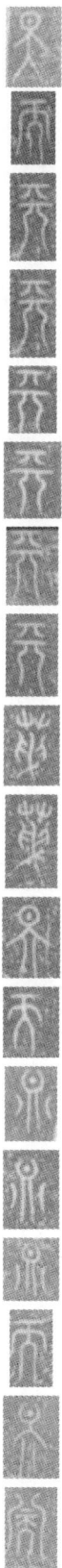

先

千

前

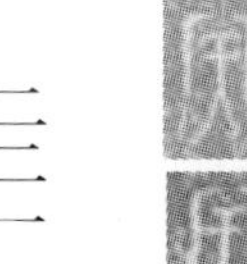

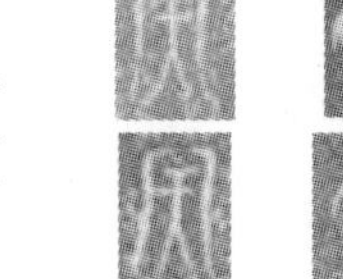

天
田

年
堅
賢

玄
淵

二 仙

鮮
挻（通埏）

然
偏
綿
川
専
全

三 蕭

寥
徼

四 宵

肖
飄
昭
超
朝
妖
驕

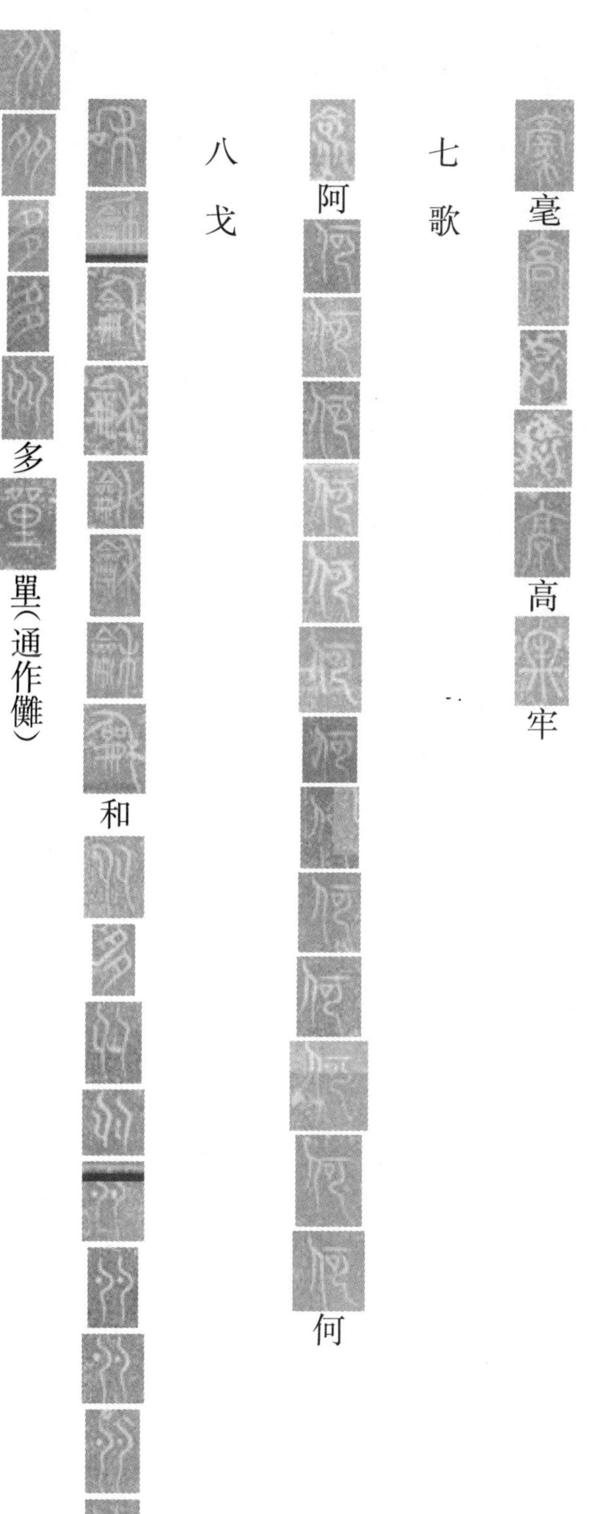

五　肴

交

郊

六　豪

毫

高

牢

七　歌

阿

何

八　戈

和

多

單（通作儺）

九　麻

邪
車
奢
瑕
嘉
家

加

華
誇

十　陽

陽
方
妨
亡

相
戳

將

祥
傷
彰

常
張

長
梁
鄉
央
殃

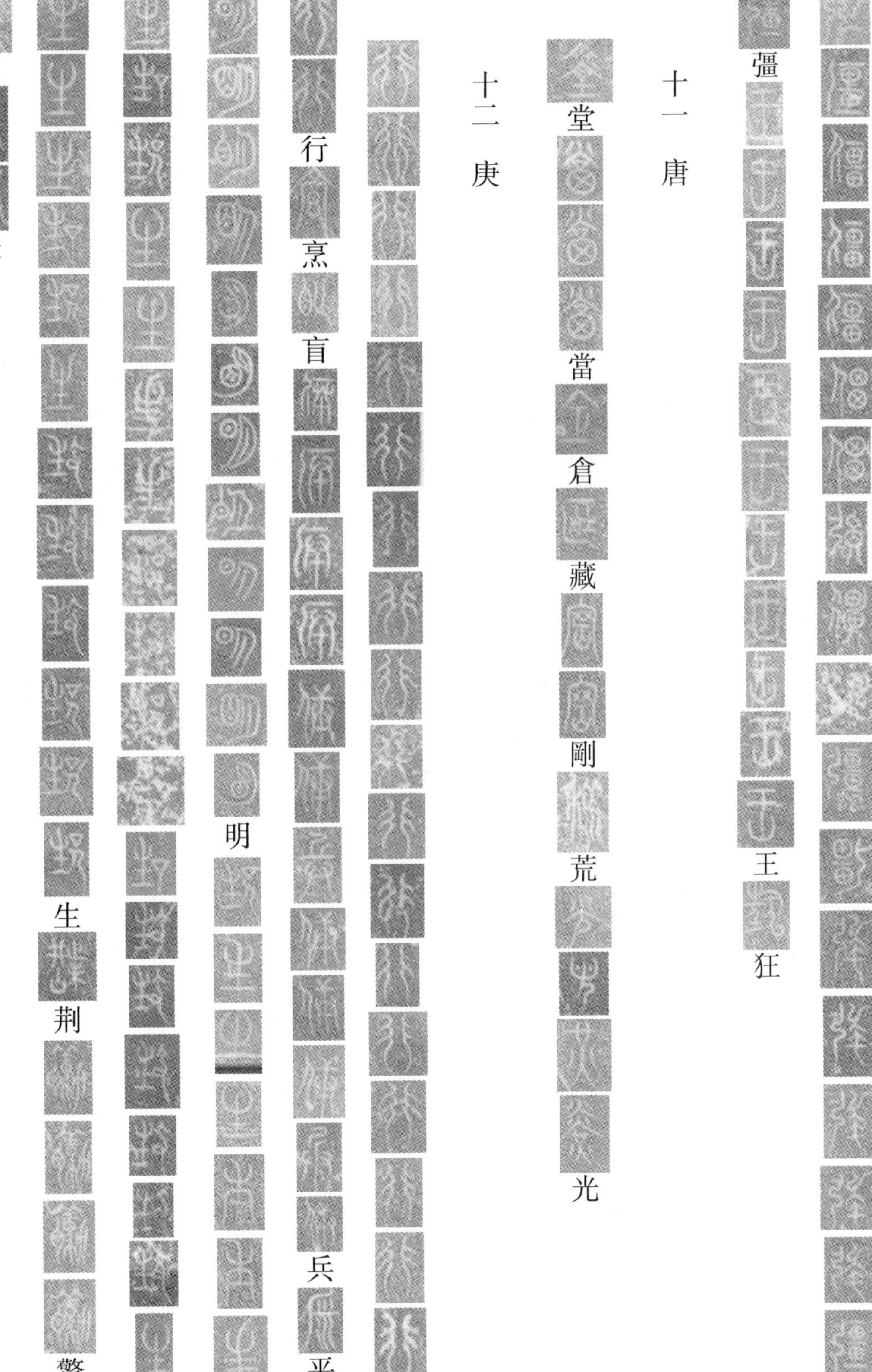

彊 王 狂

十一 唐

堂 當 倉 藏 剛 荒 光

十二 庚

行 烹 盲 兵 平 明 生 荆 驚 迎 榮

十三　耕

爭

十四　清

清

精

名

聲

成

誠

貞

盈

輕

嬰

營

傾

十五　青

冥

靈

寧

形

十六 蒸

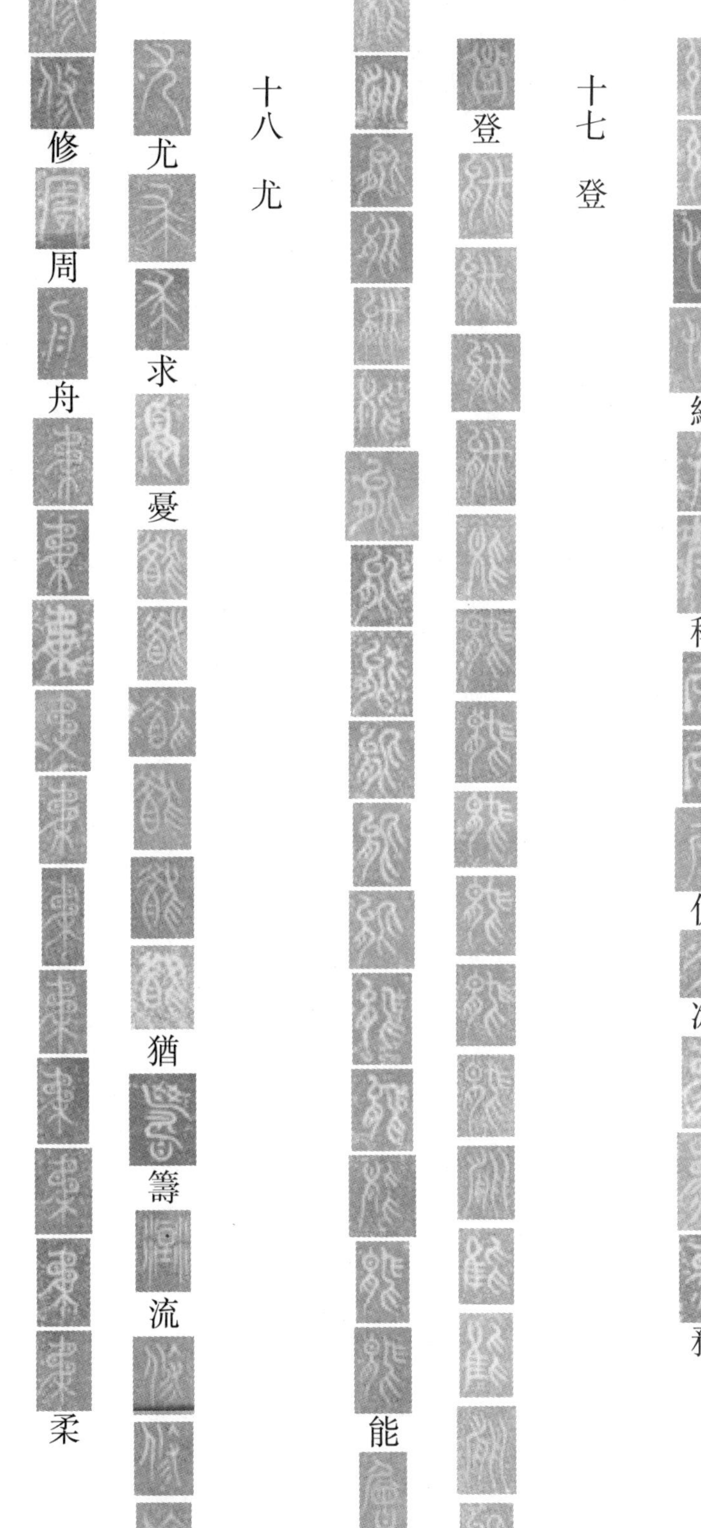

繩 稱 仍 冰 矜

十七 登

登 能 層

十八 尤

尤 求 憂 猶 籌 流 修 周 舟 柔

十九 侯

侯 謀 偷 投

二十一　侵

心深音

陰今金

二十二　覃

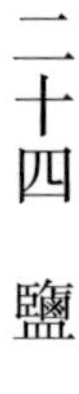參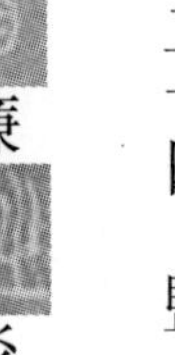含

二十三　談

淡澹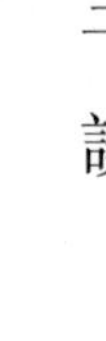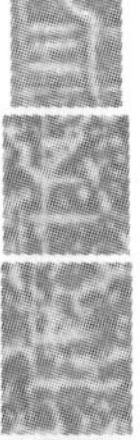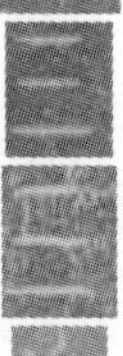三甘

二十四　鹽

廉炎

二十五　沾

恬

三、上聲

一　董

動

孔

二　腫

寵

勇

恐

拱

四　紙

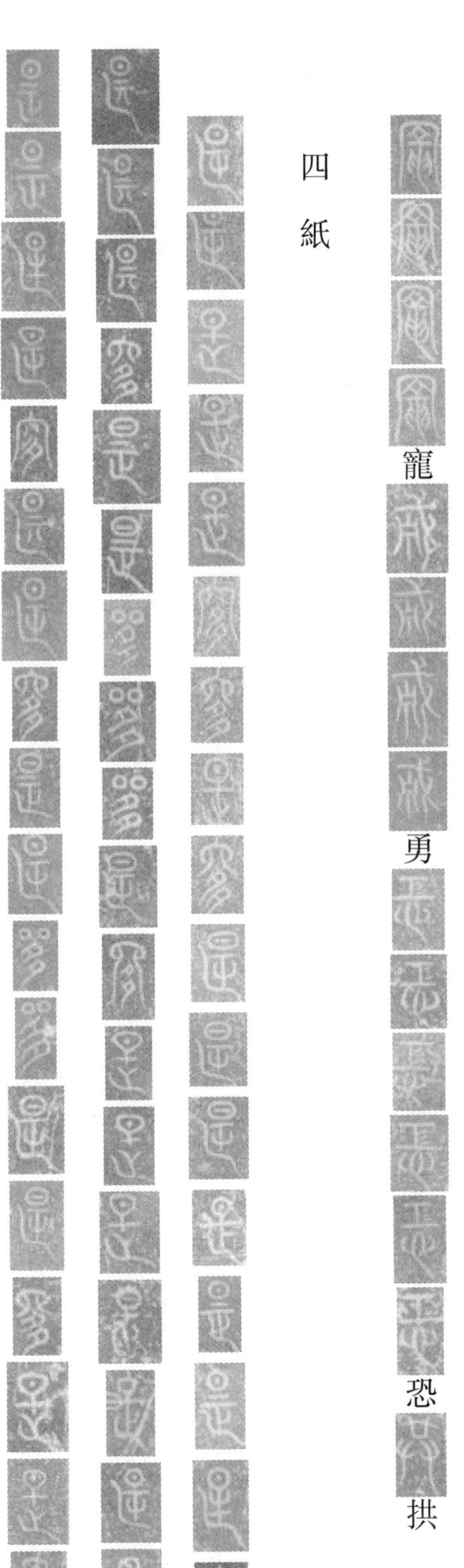

是

揣

此

企

倚

彼

五　旨

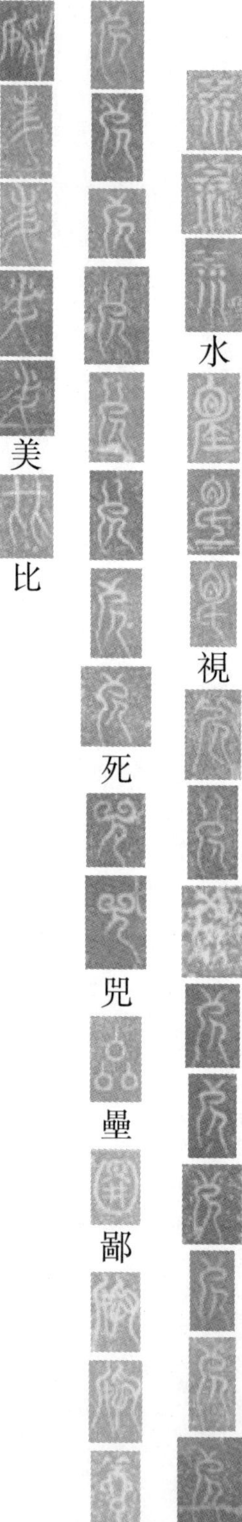

水

視

死

兕

壘

鄙

美

比

六　止

止

始

市

恃

耳

使

士

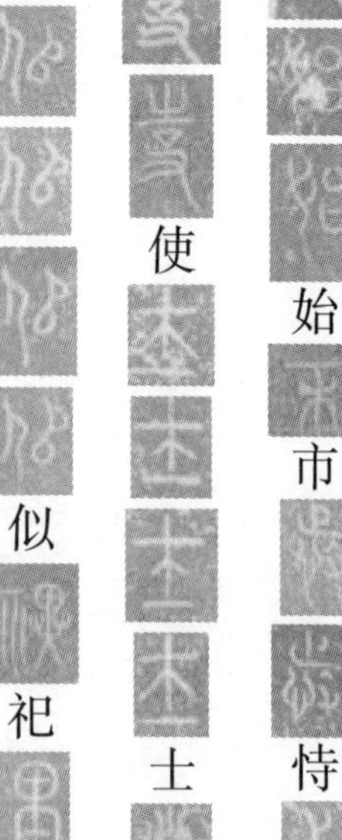

子

似

祀

里

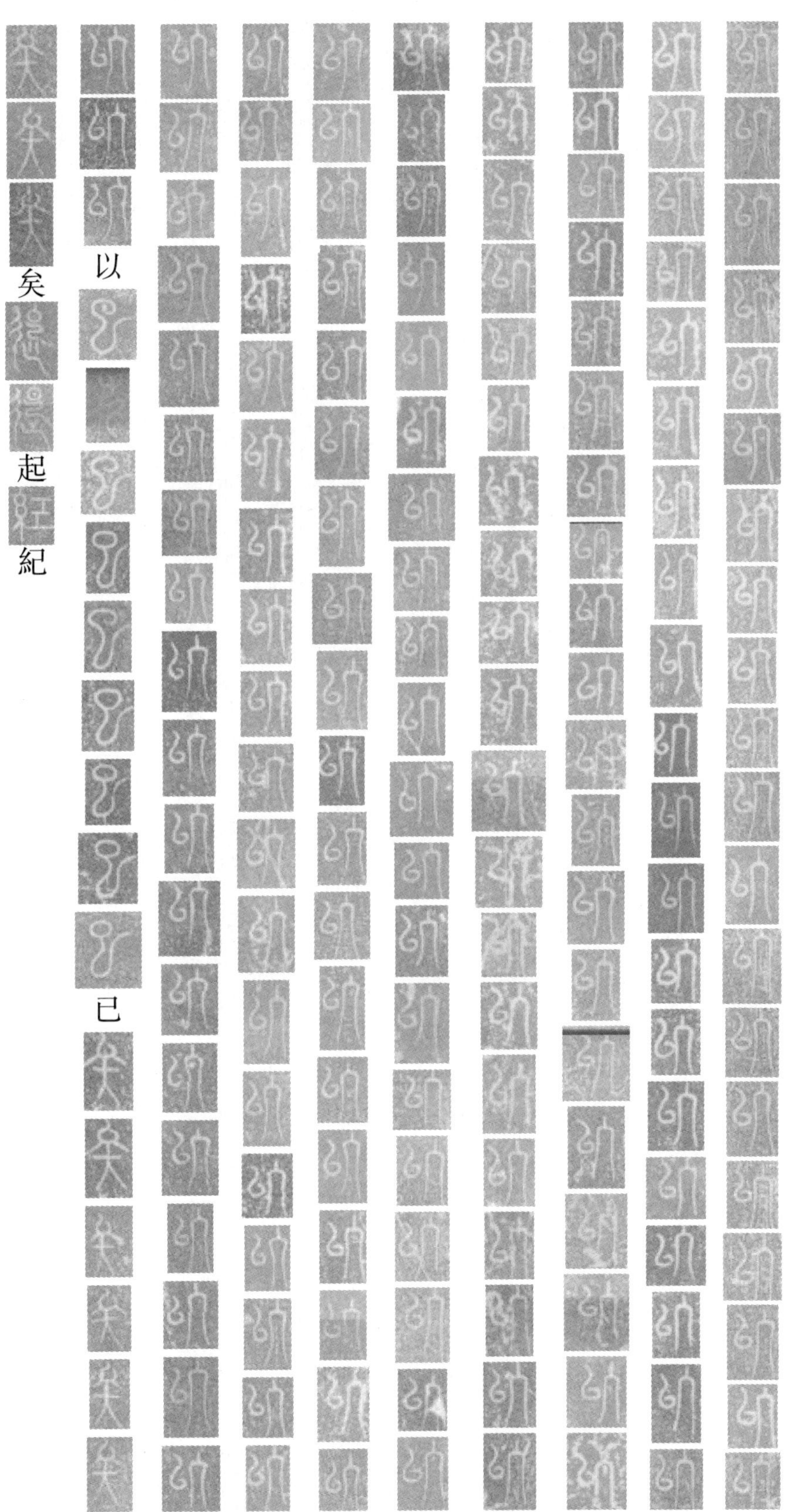

以

已

矣

起

紀

七

尾

幾

豈

鬼

八　語

雨

所

九　麌

甫
父
輔
武
侮

取
主

十　姥

牡
普
土
虎
古

户
五

十一　薺

濟
禮

十二 蟹

解

十四 賄

罪

十五 海

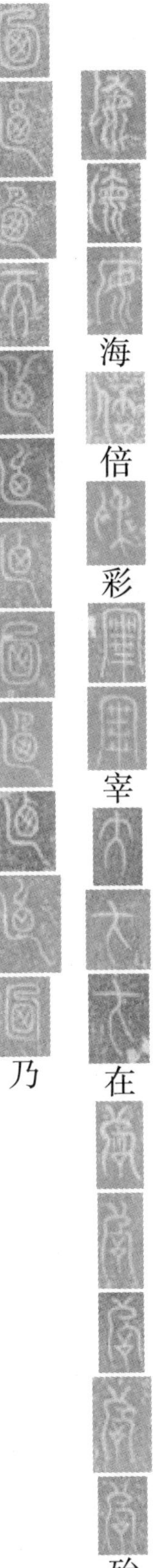

海

倍

彩

宰

在

殆

乃

十六 軫

牝

十九 隱

隱

二十 阮

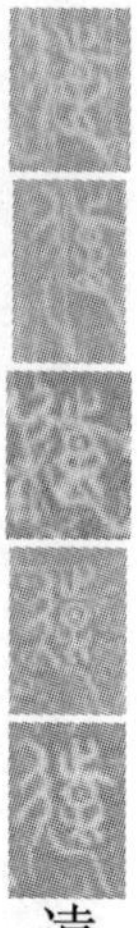

遠

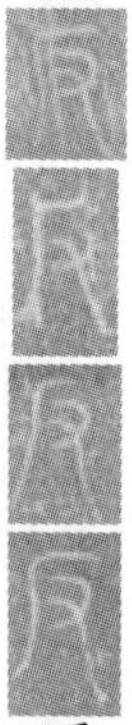

反

晚

免

二十一 混

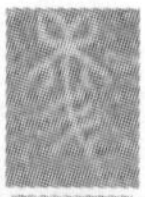

混

本

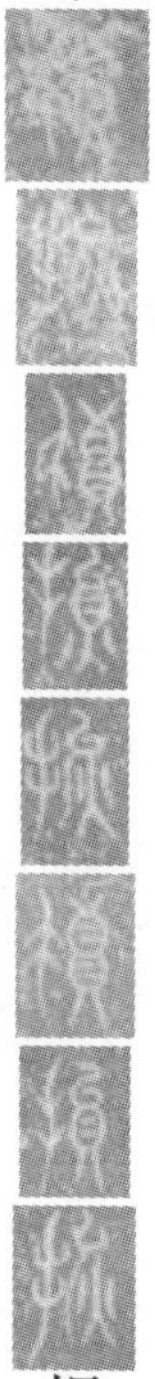

損

二十四 緩

滿

短

二十八 獮

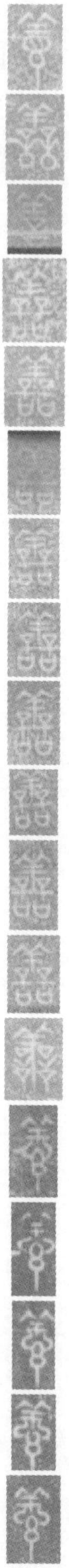

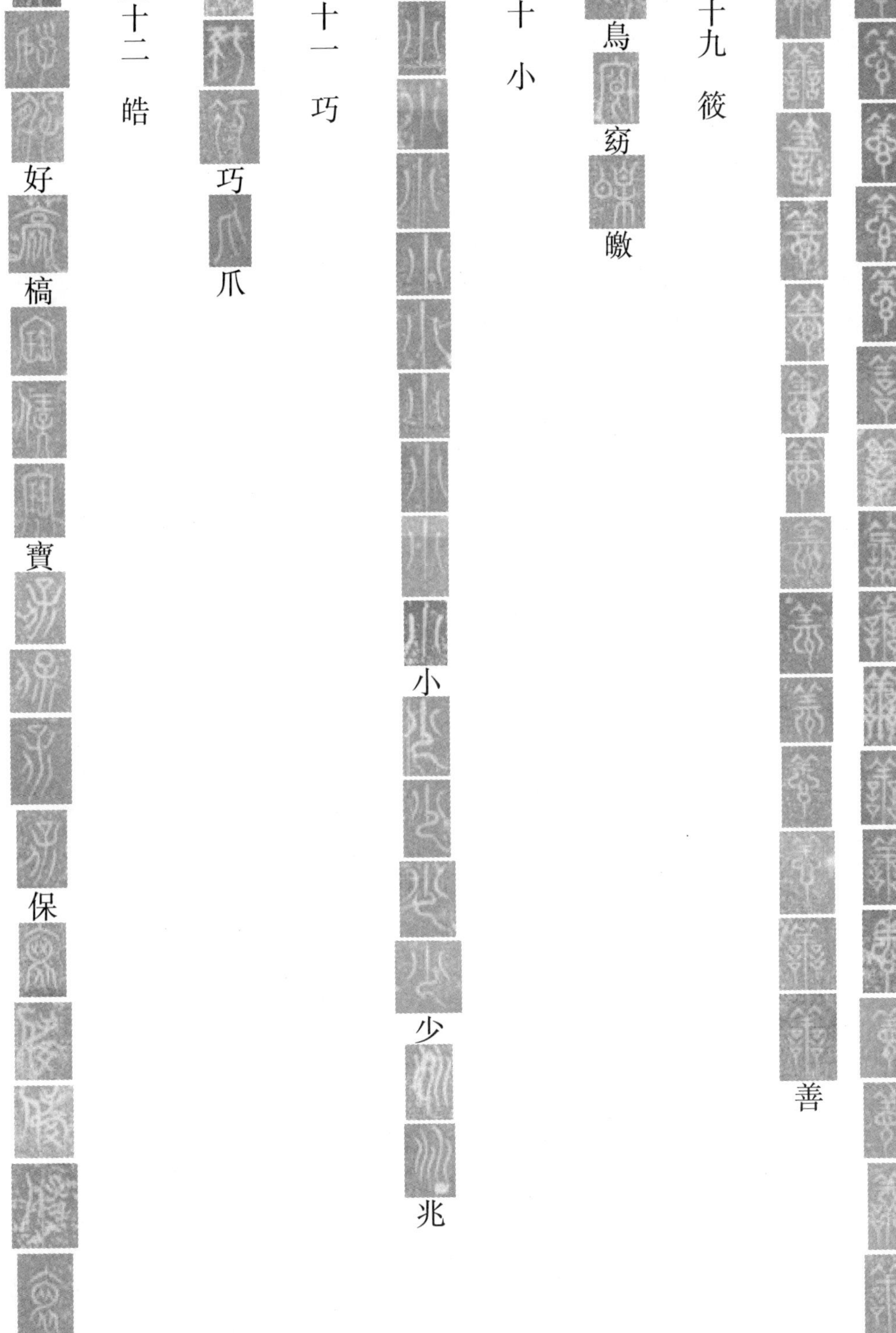

善

二十九　筱

鳥

窈

皦

三十　小

小

少

兆

三十一　巧

巧

爪

三十二　皓

好

槁

寶

保

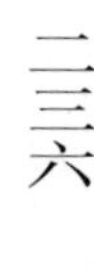

抱

早

草

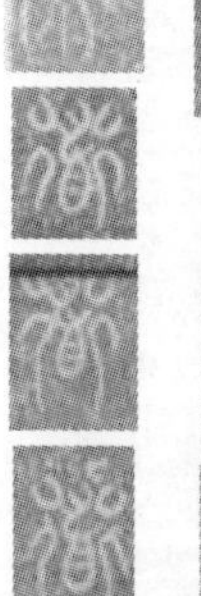

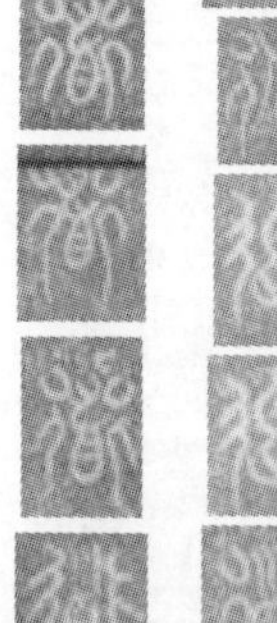
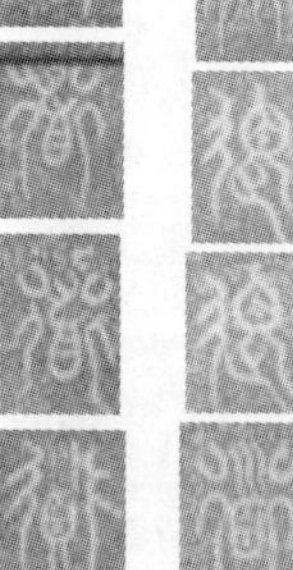

道

老

三十三　哿

可

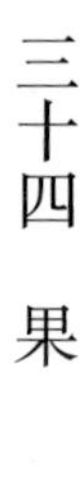

我

左

三十四　果

果

禍

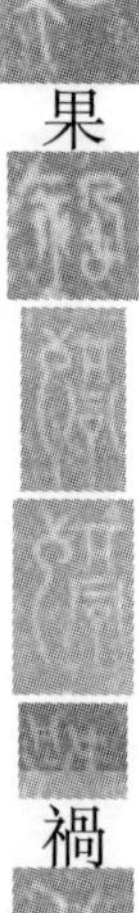

坐

三十五　馬

馬

且

者

社

也

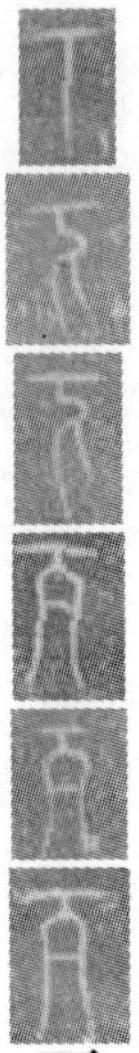

下

寡

三十六　養

養

象

兩

爽

享

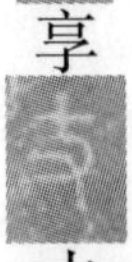

丈

攘

网

往

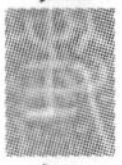

枉

上

三十七　蕩

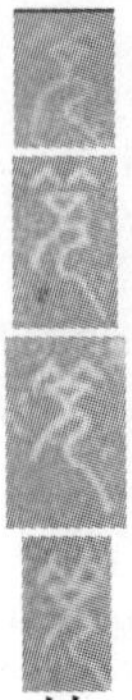

恍

廣

三十八　梗

猛

三十九　耿

並

四十　静

靜

騁

四十四　有

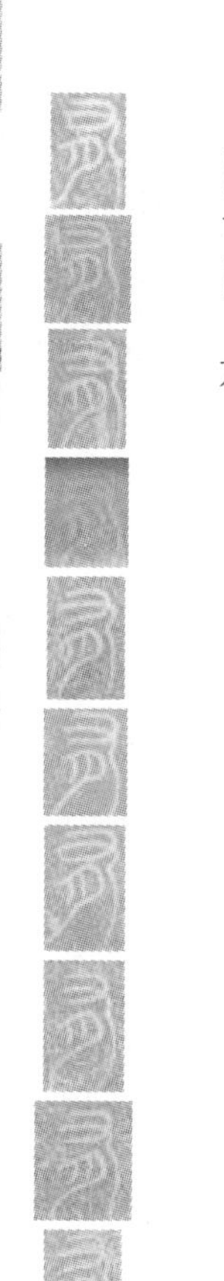

有

九

久

咎

牖

負

首

手

守

受

壽

四十五　厚

厚

後

口

狗

母

走

四十七　寢

甚

同上（此字形承俗書而來，上部爲「箕」，下部爲「匹」之訛）

飲

四十九　敢

敢

覽

五十　琰

儉

五十二　儼

儼

四、去聲

三　用

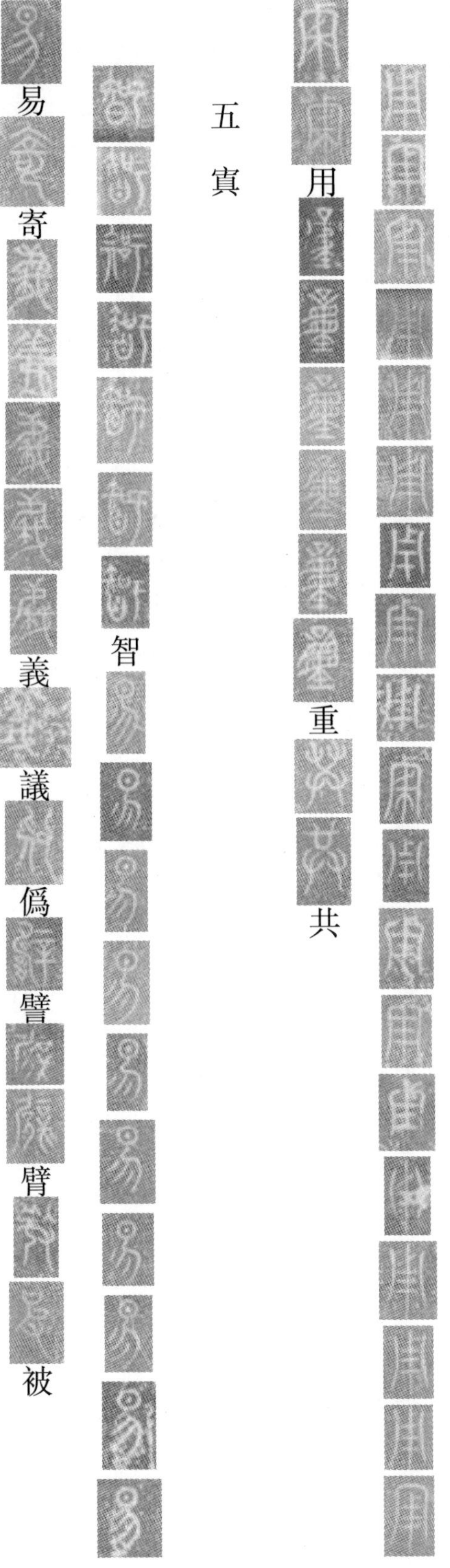

用

重

共

五　寘

智

易

寄

義

議

僞

譬

臂

被

六　至

至

示

二

四

肆

駟 次 自 地 遂 致 利 莅 棄 器

七 志

志 餌 事 字 置 異 忌

八 未

未 味 費 氣 既

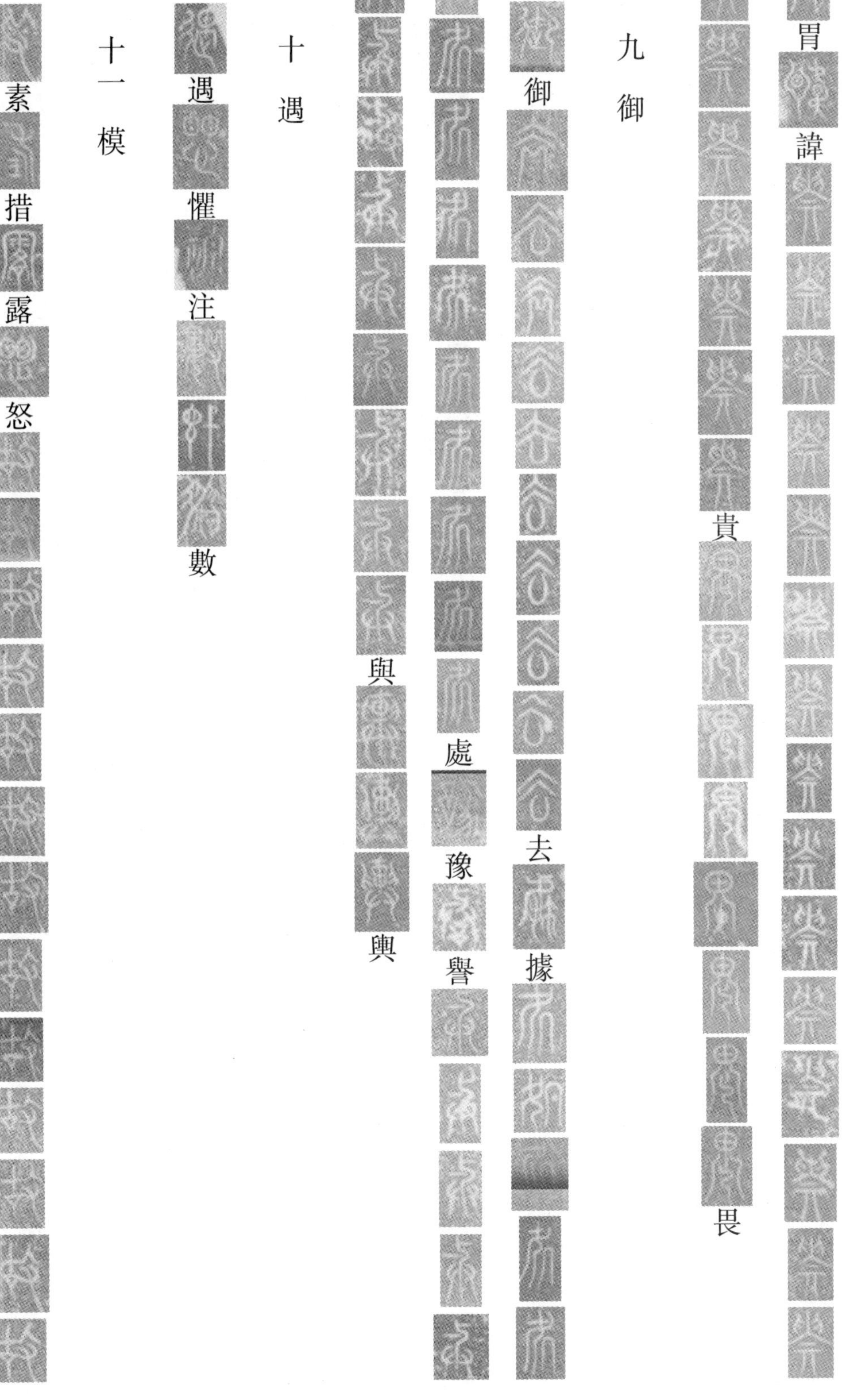

胃

諱

貴

畏

九　御

御

去

據

處

豫

譽

與

輿

十　遇

遇

懼

注

數

十一　模

素

措

露

怒

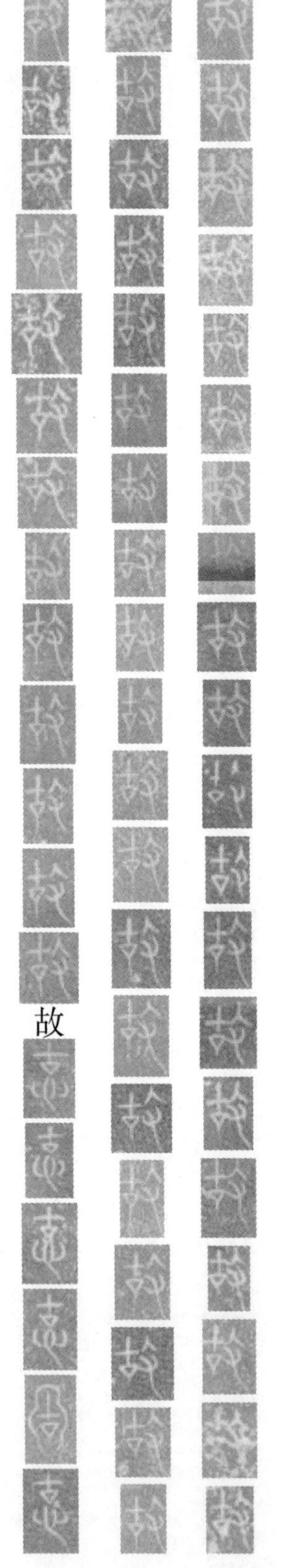

故

固

十二　霽

細

閉

帝

蔕

契

慧

十三　祭

祭

脆

勢

制

逝

稅

贅

衛

劌

銳

獘

十四　泰

泰

太

帶

奈

兌

昧

蓋

外

十六 怪

十七 夬

十八 隊

十九 代

二十 廢

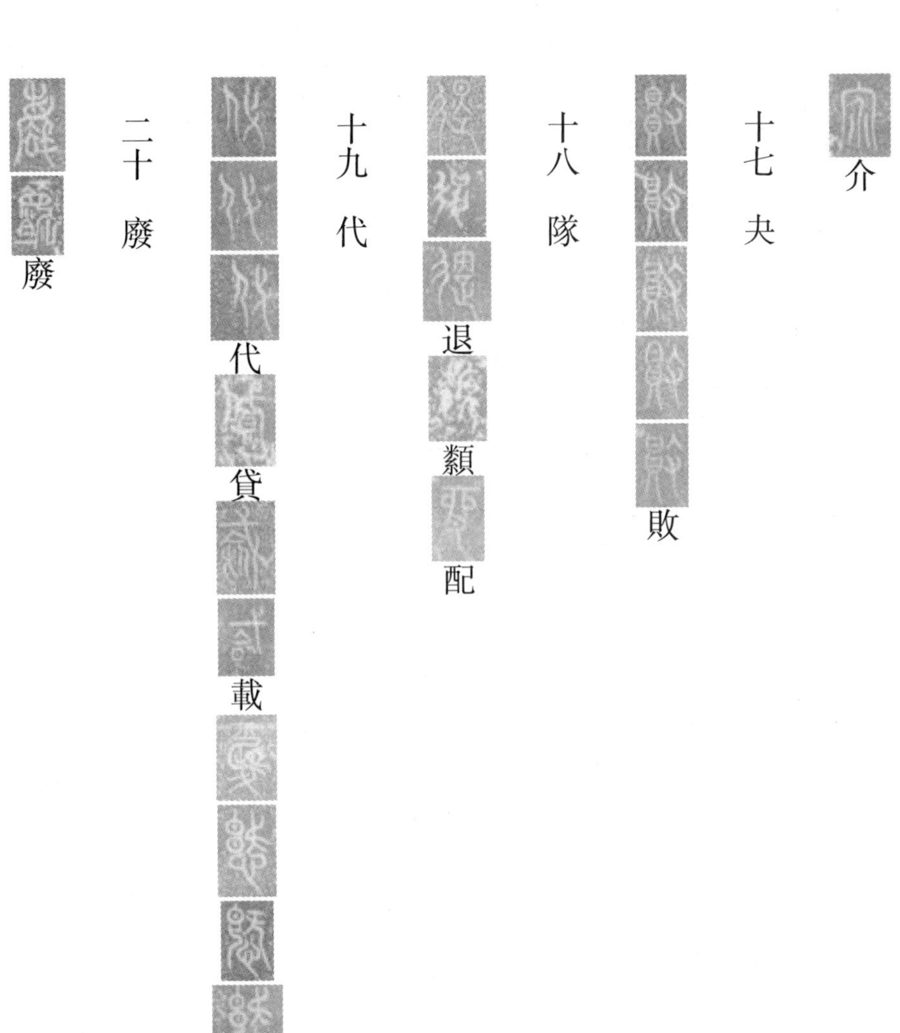

二十一　震

慎　刃

信

進　鎮

二十二　稕

順

二十三　問

糞

二十五　願

怨　建　楗

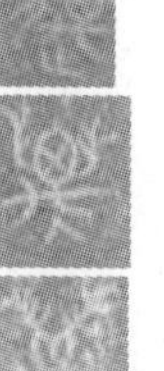

萬

二十七　恨

悶

寸

二十八　翰

散

二十九　换

涣

筭

亂

三十　諫

患

三十二　霰

見

燕

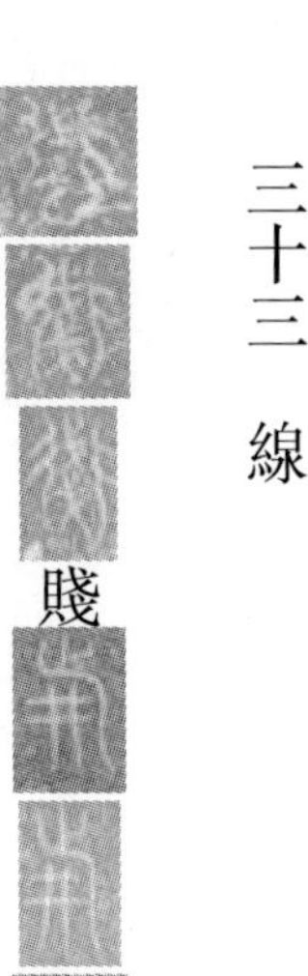

辯

三十三　線

賤

戰

三十五　笑

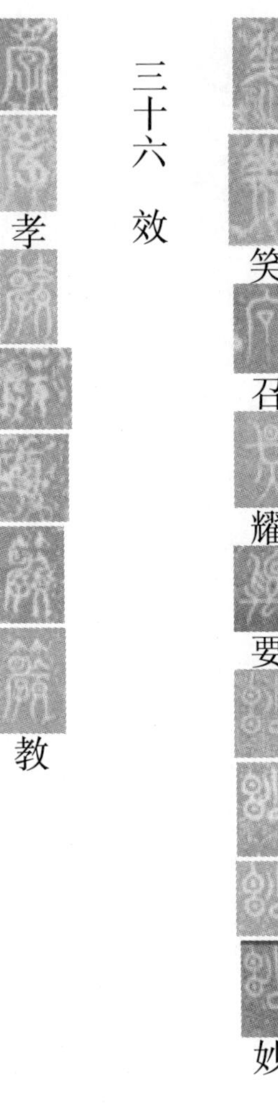

笑

召

耀

要

妙

三十六　效

孝

教

三十七　號

號

奧

報

躁

盜

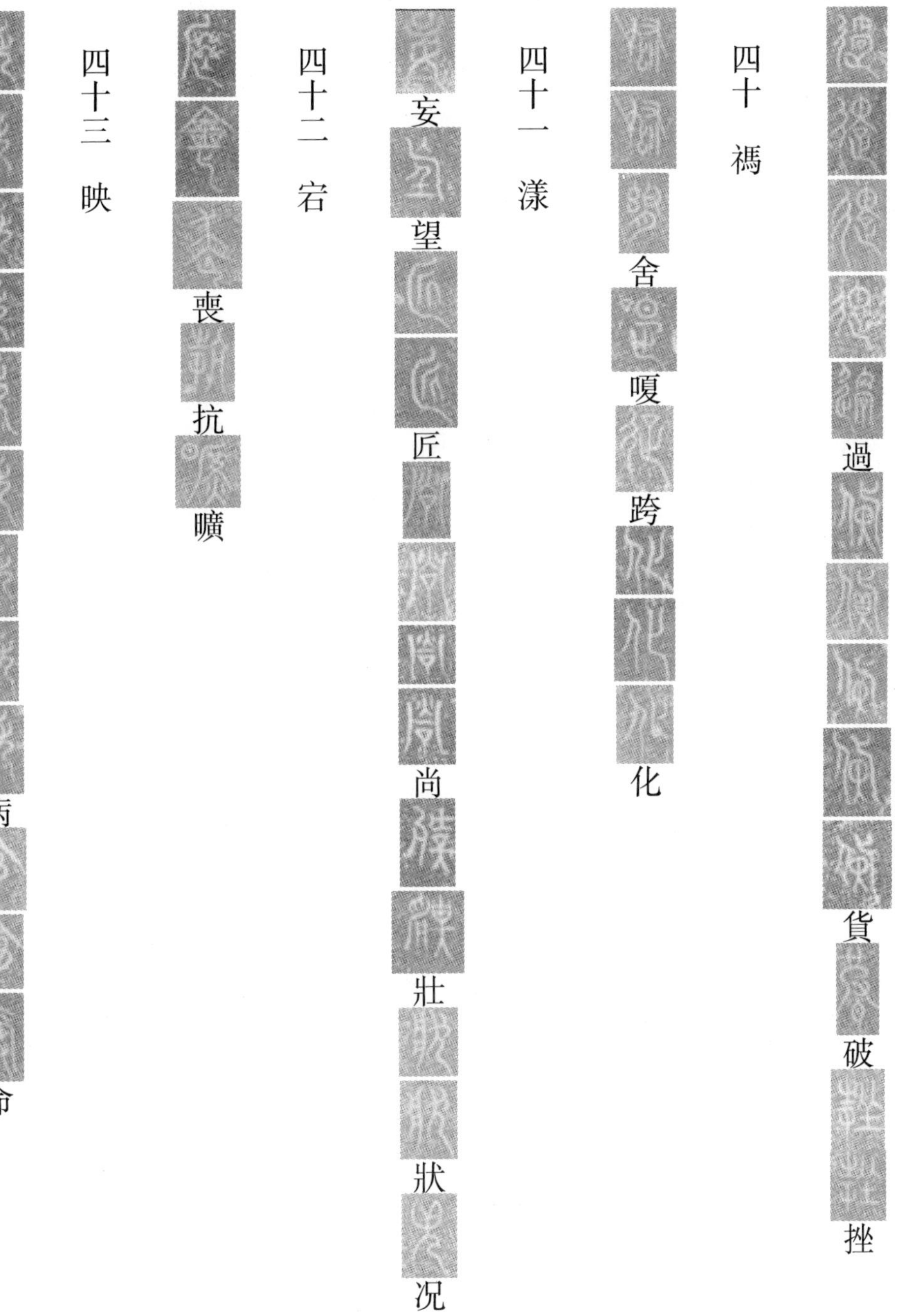

三十九 過

過 貨 破 挫

四十 禡

舍 嗄 跨 化

四十一 漾

妄 望 匠 尚 壯 狀 況

四十二 宕

喪 抗 曠

四十三 映

病 命

四十五　勁

姓

聖

正

政

令

四十六　徑

徑

聽

四十七　證

勝

乘

興

應

四十九　宥

又
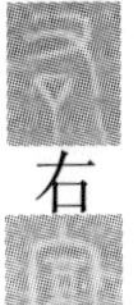

右

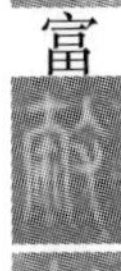
富

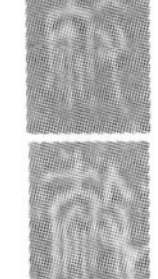
救
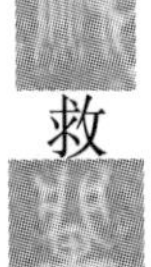
獸

驟

五十　候

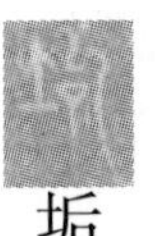
垢

五十一　沁

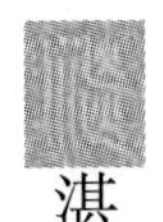
湛

五十五　黶

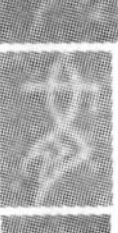
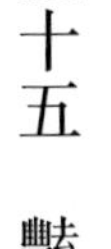

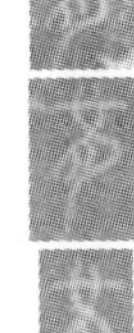
厭

五十七　驗

劍

六十 梵

泛

五、入聲

一 屋

握 縠 轂 谷

樸 木 獨

琭 福 腹 輻

復 覆 伏 服 目 熟

孰 畜 六 陸 育

二 沃

篤 毒

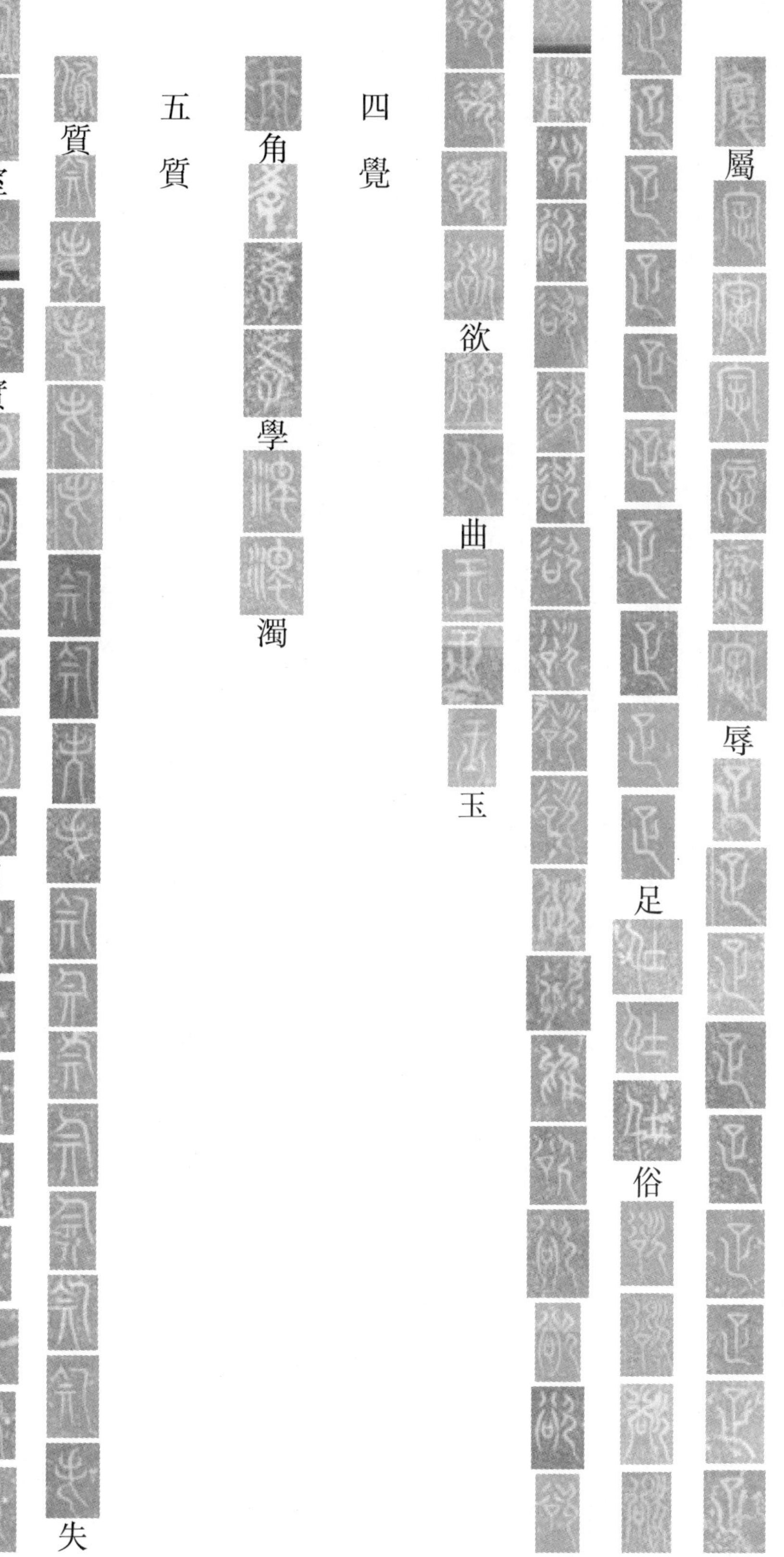

三　燭

屬　辱　足　俗　欲　曲　玉

四　覺

角　學　濁

五　質

質　失　室　實　日　必　詰　吉　一

壹

六 術

出

八 物

勿

物

九 迄

屈

十　月

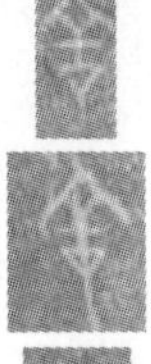

曰

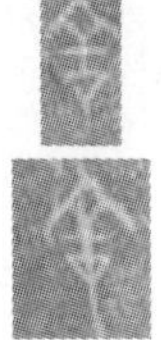
蹶

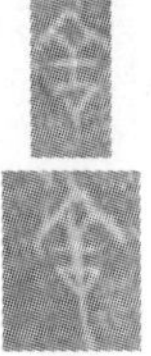
歇

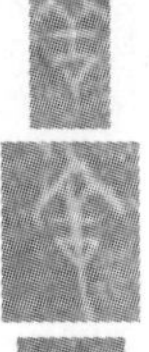
竭

發

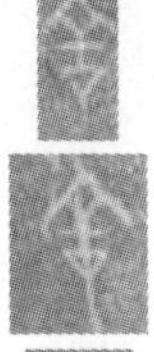
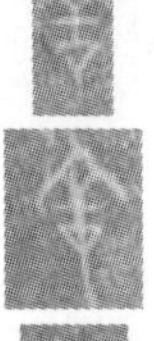
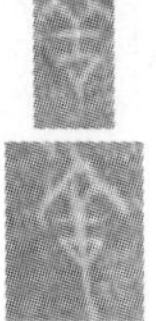
伐

十一　没

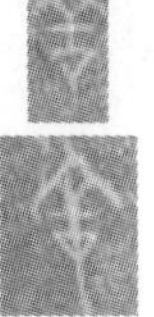

没

訥

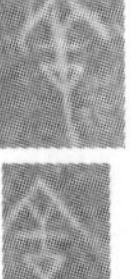

惚

骨

十二　曷

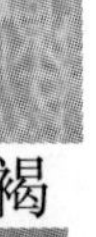

害

褐

割

大

達

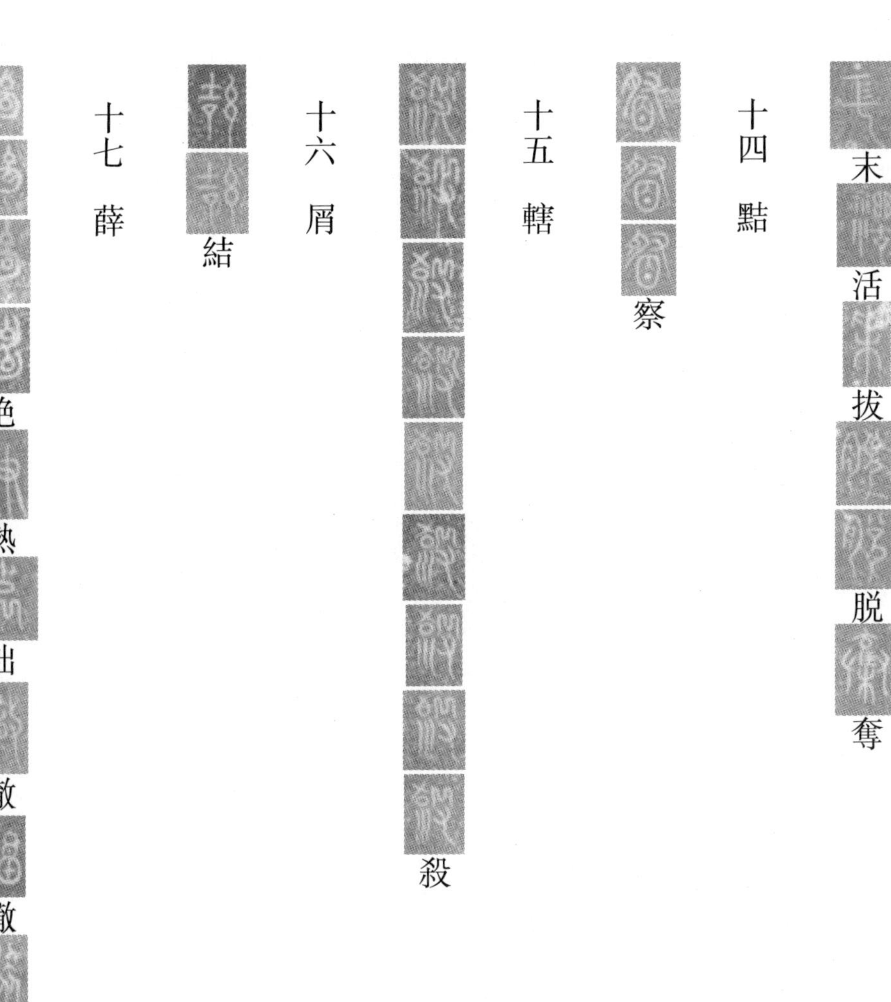

十三　末

末　活　拔　脱　奪

十四　黠

察

十五　轄

殺

十六　屑

結

十七　薛

絶　熱　拙　徹　轍　裂　輟　閲　缺

滅

十八　藥

籥 斫 弱 若 卻 約

十九　鐸

橐 托 珞 樂 諾 博 搏 薄 莫 作 鑿 各 惡

二十陌

魄

怕

百

佰

白

客

攫

二十一 麥

責

謫

二十二 昔

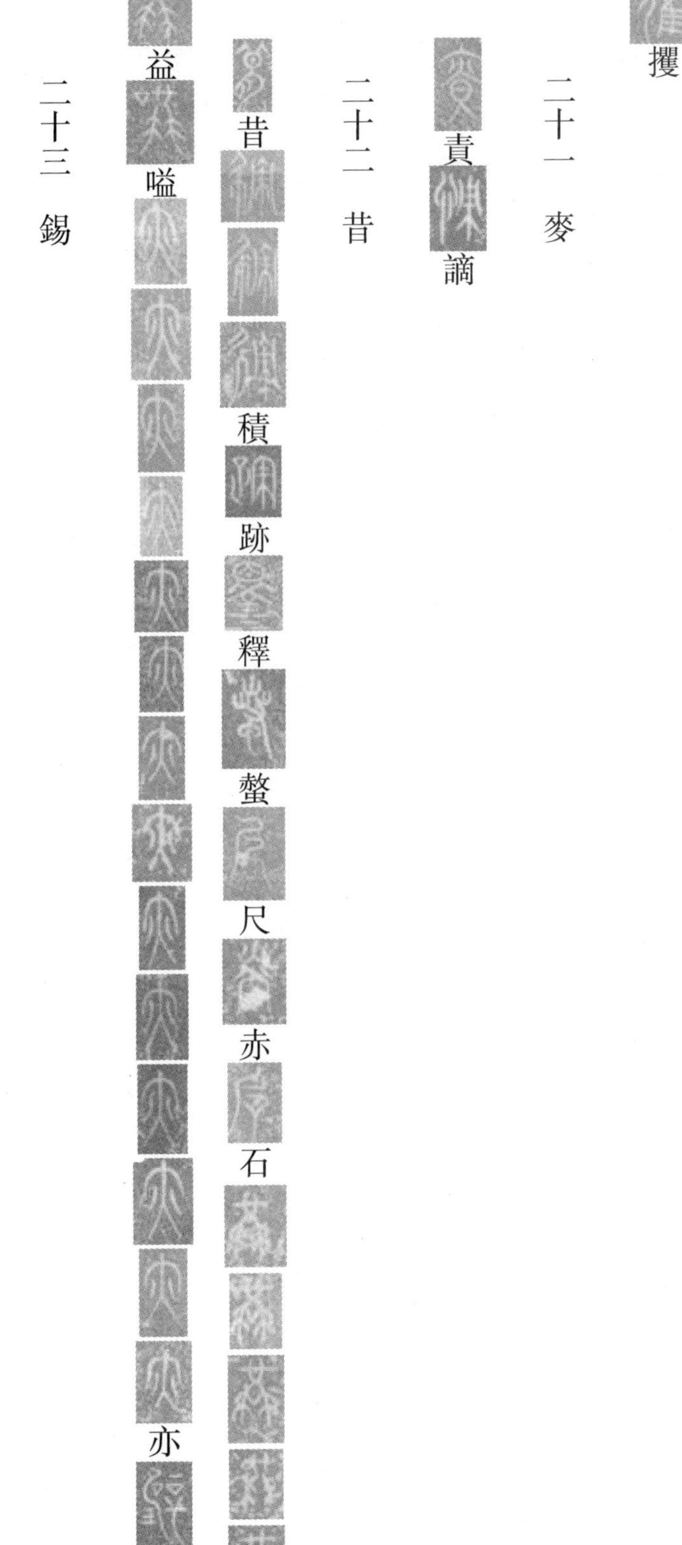

昔

積

跡

釋

螯

尺

赤

石

益

嗌

亦

璧

二十三 錫

寂

敵

滌

二十四 職

識

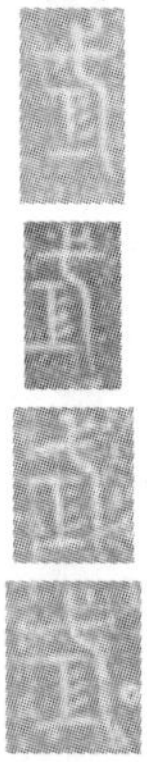

式

埴

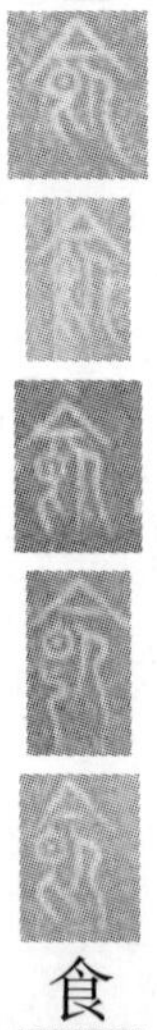

食

色

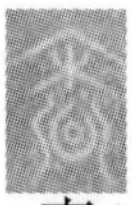

嗇

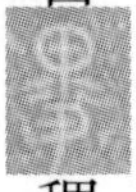

稷

直

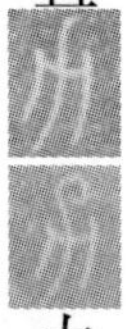

力

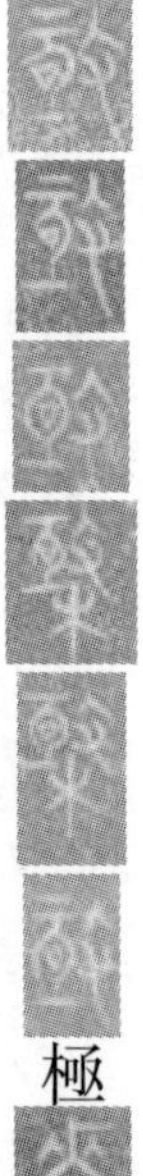

極

棘

抑

域

二十五 德

德

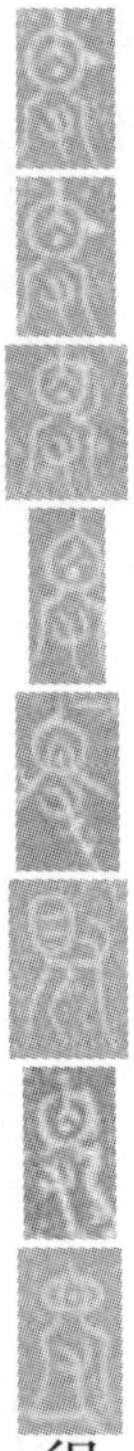

得

忒

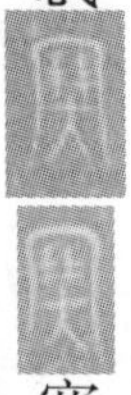

塞

則

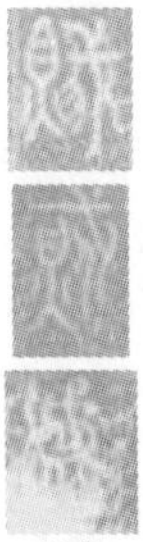

賊

黑

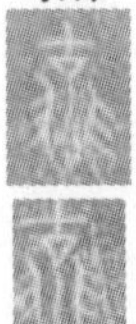

克

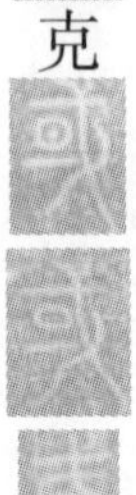

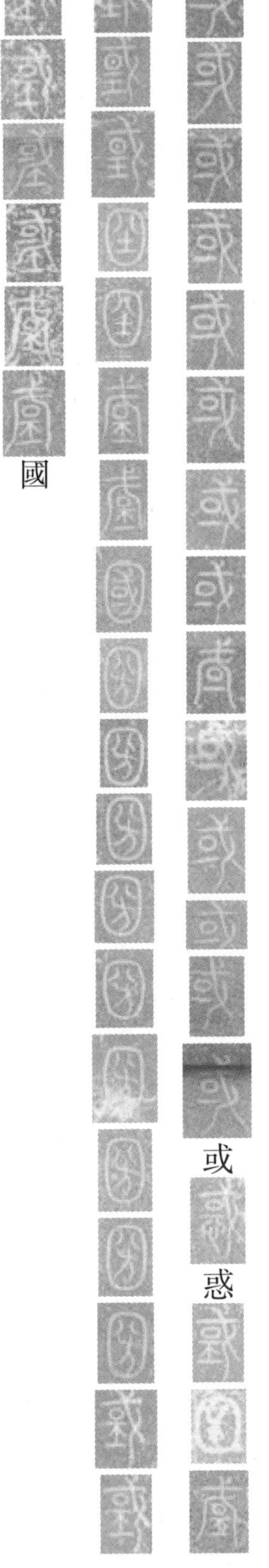

或

惑

國

二十六　緝

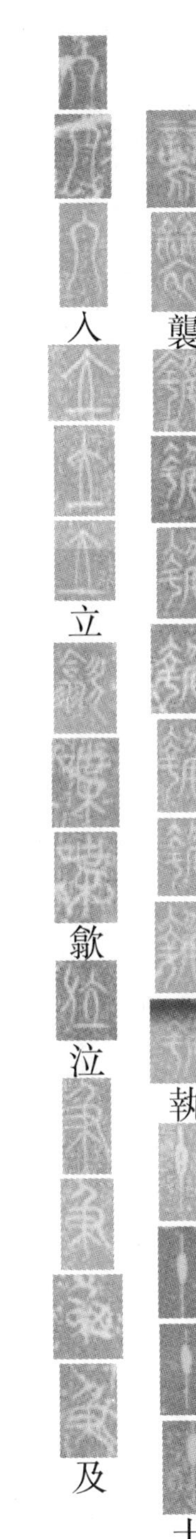

襲

執

十

什

入

立

歙

泣

及

二十七　合

合

二十八　盍

闔

二十九　葉

攝

涉

獵

三十二　洽

狹

三十三　甲

甲

三十四　乏

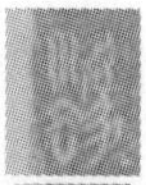

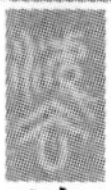

法

記元刻古文《老子》碑兼評《集篆古文韻海》

郭子直

宋代興起了研究金石學的風氣，上自帝王，下至庶民，遇到某種場合，總喜歡寫些古文，以示高雅。於是留給後人的豐富遺産，如編成的專門著録商周青銅器銘的，有《考古圖》、《博古圖録》、《歷代鐘鼎彝器款識法帖》等，以及法帖翻刻的《詛楚文》之類；特别值得注意的，還編輯出一些古文的字典，如吕大臨《考古圖釋文》、郭忠恕《汗簡》、夏竦《古文四聲韻》，以及本文討論的杜從古《集篆古文韻海》等。這一類書，刻寫的篆文，都是「形多頭粗尾細，腹狀團圓，似水蟲之科斗」的形狀（夏竦《古文四聲韻自序》），當時統稱「古文」。流行民間，沿及金元，傳習不衰，現在保存的古文石刻，當以元刻古文《老子》碑爲巨擘了。

一

古文《古老子》碑，原石現藏陝西省周至縣樓觀臺説經臺門洞碑廊東側。豐碑二通〔一〕，陰陽兩面刻字〔二〕。碑高二・二四、寬一・〇八米。第一碑有額，高四五、寬三二釐米，直行刻「[illegible]（古老子）」古文三字。第一碑陰陽各刻古文《老子》經文三十行，行五十五字；第二碑碑陽續刻古文經文二十九行，碑陰接刻古文經文十一行，行均五十四字。經文後低三格附刻書丹人高翿「乙卯冬十月」（按即元憲宗五年乙卯、公元一二五五年）小篆跋語三行，略稱「所書古文《老子》，偶於《古文韻海》中檢討綴緝，閱月迺成」。後刻至元辛卯（元世祖至元二十八年辛卯、公元一二九一年）李道謙分書跋六行，叙述刻碑經過。再後刻分書題名五行，首行云：「大元至元二十九年歲次壬辰（按即公元一二九二年）十月穀旦終南山古樓觀説經臺焚修羽士張志輔」依次各行署「李志元、趙志玄、聶志真（中隔空白）、張守仁」等「立石」的題名。此行首行記載立石年月「至元二十九年十月」一段，原石曾爲後人鑿過，拓本漫漶不清，過去碑估爲了省工省紙，就把這段題名立石人五行，略去不拓，以致一些金石書著録此碑刻石年月時，僅據李道謙跋，誤題「至元辛卯立」，而提前一年的，如《金石存》（卷五頁二十四，原校已加訂正）、《關中金石記》卷八頁七——八）、《陝西金石志》等。二碑原石，今仍屹立廟中，完好無缺，僅第一碑陰和第二碑陽各出現兩條細微裂痕，並無損於文字筆劃。我曾親至碑下多次摩挲，又常據新舊幾種拓本對比校讀，草此小文，以就正於海内學人和古文愛好者。

高翿寫的古文《老子》，依據的古文，自跋説是「於《古文韻海》中檢討綴緝」而成。當時尚未引起注意，未見稱述。到了明、清，訪古之風盛行，但以元碑時代不古，金石家著録者僅見數家。且因過去古文原跡尚少出土，學者仍在墨守《説文》，所以他們對於此碑字形，都持否定態度，甚至有加以詆譭的。如趙崡謂：「此書雜出頡籀、款識、古文、大小二篆，……尚不堪郭忠恕一嗤者。」〔三〕吴玉搢曾説：「……今並《古文韻海》亦不可見。翿此碑……筆法未善，視郭忠恕、僧夢英已當三舍避之。……」〔四〕畢沅曾批評道：「……云出《古文韻海》，《宋史·藝文志》無此書。字體奇詭失實，非古人之遺也。……僅依俗本《老子》專輒造字，未免爲識者所笑耳。……」〔五〕由此看來，這幾位學者，當時並未見過高翿寫此碑所據的杜從古《〈集篆〉古文韻海》原書，故對此碑深爲不滿。實則即使看到杜書，也會囿於成見，只知宗奉《説文》正篆和所載少量古文、籀爲標準，對於這類古文，直到清代末年，還有學者斥《汗簡》爲「大抵好奇之輩影附詭託，務爲僻怪，以炫末俗」的〔六〕。時代限人，未可苛責。所幸今天對古文的研究開創了新領域，戰國文字已蔚爲古文字學中一枝新秀。尤其戰國青銅器、秦簡、楚帛書、楚簡等先後出土，經學者綜合研究，已出版了《戰國文字通論》〔七〕，還有對專書研究的《汗簡注釋》〔八〕，前已出版，又聞《〈古璽文編〉校訂》亦將問世〔九〕，其他單篇論文更多，新釋或更正舊釋之字亦多。在此異軍突起之陣營中，我這介紹宋人編的一部古文字典，以及元人寫的古文碑刻，來增添一點小資料而已。

元代刻的古文《老子》碑，經文後附書丹人高翿小篆跋語三行，文爲：「壬子冬十二月〔一〇〕，予改同刺泰安。到官未踰月，有會真宫提點張壽符過予，求書《五千言》。因循於今，僅三年矣。昨因病暇，靜中始得書之。《老子》舊有古本，歷歲滋久，加之兵亂，散失不復可得。偶於《古文韻海》中，檢討綴緝，閱月迺成。體制之妍醜，筆力之工拙，具眼者自能識之。旹歲舍乙卯冬十月〔一一〕，松巖貞隱高翿書於泉齋之正心軒。」

於此得知這本古文《老子》，是高氏依仿《集篆古文韻海》中的古文綴緝而寫成的。跋後接刻李道謙分書跋，則是叙述刻石經過的。文云：「魯之大儒高翿（文舉）者，善於古篆。嘗爲會真宫提點張志偉（壽符）書《道德》五千言。其筆法之精妙，古今罕有。掌教宗師玄逸真人張君，近得是書，日常珍玩；至元庚寅春〔一二〕，欽奉睿命，祀香嶽瀆。越三月初吉，馳驛來秦，駐車終南山重陽萬壽宫，首出囊貲暨此篆文，召樓觀提點聶志真輩，命工摹刻貞石，署（誤，當是置字）諸説經臺上。……謹拜手稽首，竊識其本末。明年辛卯夏蕤賓日夷門天樂道人李道謙謹書。」〔一三〕

刻成立石的時間，還遲在至元二十九年十月（公元一二九二年）了，可知從寫字到刻石，中間經過三十八年之久。

此碑碑額和碑文標題，均稱《古老子》；而同在樓觀臺另有元刻正書《道德經》碑〔一四〕，過去著録時，或誤題此古文《老子》碑爲《道德經》碑，則易與正書碑混同。此後應名從主人，各依原題。

此碑正文全寫古文，每字均四乘二釐米，大小勻稱，筆劃豐中鋭首，屈曲有勢，頗具正始三字石經中古文的風貌。經文不分道經與德經。《道經》在先，與今通行本同。不標章次，各於章末空一格以別之。《老子》的版本很多〔一五〕，自一九七二年湖南長沙馬王堆漢墓出土漢初寫本《老子》甲、乙二本後，使人得見最古寫本，校勘者多一古本。此碑文字，全同今本，無需另作校勘。這裏只從所寫古文的形體結構方面，考察其是否有所根據，是否正誤。分項説明所寫古文的依據。

（一）古文來源幾乎都採自《集篆古文韻海》　寫者自己已經説明此碑是採輯《集篆古文韻海》中的古文而寫成的，必然形體與此書相同，無需詳説。兹舉碑首數字，以見一斑。

碑額：（古）見於《韻海》上聲姆韻（卷三頁十一下）右旁作古，見於《説文》「古」之古文。又見《古文四聲韻》引古孝經（中華書局影印合訂本四十頁上欄）。《汗簡》引作《説文》（合訂本六上）。此形稍變爲，同夏韻。

（老）見《韻海》上聲晧韻（三・二十六）。《四聲韻》有此形出古老子（四十四下）。

（子）見《韻海》上聲止韻（三・六下）。《汗簡》出尚書（二十一上）。《四聲韻》同形。同一出處（三十八下）。此筆形小變。

〔碑題〕（古）見《韻海》姆韻（三・十一下）。《汗》、《四》見上。

（老）見《韻海》晧韻（三・二十六）。《汗》目録（四十四上）、《四》注出汗簡（四十四下）。

（子）見《韻海》止韻（三・六下）。《四》古老子（三十八下）。

〔正文〕（道）見《韻海》上聲晧韻（三・三十六）。《四》雲臺碑（四十四下）。此筆形稍變。

（可）見《韻海》上聲哿韻（三・二十六下）。《四》雲臺碑（四十五）。則少一丿。

（非）見《韻海》上平微韻（一・八下）。《汗》部首（三十二下）、《四》出道德經（十一上）。均與此同。

（常）見《韻海》下平陽韻（二・十三下）。《汗》（三上）、《四》（二十七下）均作此形，同注出王庶子碑。

[illegible](名)見《韻海》下平清韻(二・十八)。《四》同作[illegible]，注出華嶽碑(三十下)。

通過開首一句的比照，可知此碑確是依仿《韻海》字形寫的，而《韻海》所收的這些字，幾乎都是根據《汗簡》或《古文四聲韻》照録的，原書都有出處。

(二)承繼甲金文用字通假的成例　例如「吏」([illegible])字，在文内可作「吏、使、事」三字用，見於「使民不爭」(第一碑陽・五行一字)。「聖人處無爲之事」(一・四・十)。[illegible]即「唯、維、惟」，如「夫唯不居」(一・四・三十五)。「畋」只作「田」，如「馳騁田獵」(一・十三・十六)。「乎」作「虖」，如「能無離虖」(一・十・四十七)。「且」作「虘」，如「天地所以能長虘久者」(一・八・十七)。又如「功成不[illegible](居)」(一・四・三十三)，《四聲韻》魚韻：「[illegible]，出説文」(十一下)，今案《説文》：「凥，處也，從尸得几而止。」與此碑及《四聲韻》之字形均不同，但與金文[illegible]字同形，《金文編》謂「舊釋居」(六六二頁)。[illegible](天)(一・二・二十五)形不見於郭、夏二書，僅見《韻海》(二・一下、先韻)，雖未注出處，實爲金文「天」字之常用字形。

(三)選用本字以代後起字　如「載營魄袌壹」(一・十・四十三)。袌，《説文》：「褱也。」徐鉉曰：「今俗作抱，非是。抱與捊同。」如「斯亞已」(一・三・十四)，「處衆人之所亞」(一・九・十九)。均以亞爲惡。此依《韻海》卷四。去聲暮韻，[illegible]釋惡(四・十四)。《四》同，注古老子(五十五上)。如「不尚臤」(一・四・四十九)則用臤爲賢，《説文》：「臤，古文以爲賢字。」如「僵其骨」(一・五・三十)，借僵轉用爲彊，《説文》段注云：「強，叚借爲彊弱之彊。」《韻海》陽韻[illegible]釋彊，同强(二・十三下)。則與碑文合，今本《老子》作强。前引「[illegible]營魄袌壹」，則借[illegible]爲載，金文已有用例。

(四)用字有與馬王堆帛書本相合的　謂只作胃，如「是胃玄牝」(一・七・四十)。「是胃天地根」(一・七・四十八)。則與帛書《老子》甲乙二本合(一六)。

（五）古文形體什九取自《古老子》　《古老子》原本，宋代以後恐即佚亡，而郭、夏二書均列入引用書目，夏書多見引用。今據二書所引《古老子》各字，對比高書此碑，照録最多。如以前十二章爲例，採用《古老子》的字形，多至七十四字，居引用他書之冠。全例從略。如「挺埴以爲器」（一・十二・十四），挺見夏韻仙韻，出古老子（二十二下）。《韻海》亦載（二・十二）。碑本作挻，與釋文合。《説文》只有挻，今本《老子》依傅奕本作埏，誤。馮舒《汗簡跋》謂：「所引七十一家，予所有者，僅始一終亥本《説文》、《古老子》及《碧落碑》而已。」（五十上）余疑馮氏所見之《古老子》即指高翿所書之《古老子》碑，而非舊傳之原本（一七）。此外，夏韻所列《古文所出書傳》目録中，又有《道德經》，而《汗簡》書目未見。幾經檢查，在一韻之内未見同時引用此二書之例，竊疑此與《古老子》同書異名。高書碑本前十二章中只引用過十二字。

（六）採用其他古文字資料　種類甚多，字形繁雜，僅舉碑文前數行出處爲例。如見於《古老子》之□（𤔔、亂）（一・五・十四）。《古孝經》之□（亾、無）（一・三・二十八）、□（不）（一・三・二十八）、□（叓事）（一・四・十）、□（尻、居）（一・三・三十七）、□（相）（一・三・四十）、□（爲）《道德經》（一・五・四十六）、□（民）（一・五・十一）、□（心）（一・五・十二）、《石經》之□（歬前）（一・三・五十二）。《華山嶽碑》之□（天）（一・三・五）、□（下）（一・三・六）、□（隨）（一・四・一）、□（㚇、使）（一・五・四十）。《雲臺碑》之□（是）（一・四・二）、□（人）（一・四・五）、□（鼎、則）（一・五・五十一）。《籀韻》之□（短）（一・三・三十八）。《義雲章》之□（善）（一・三・十八）、□（生）（一・三・三）。《崔希裕纂古》之□（常）（一・五・三十三）。《裴光遠集字》之□（實）（一・五・二十四）。《郭昭卿字指》（《汗簡》出處作《集字》）之□（恃）（一・四・二十九）。《王存乂切韻》之□（無）（一・四・七）等等。

（七）採自《説文》　什九爲小篆，偶有古、籀，因而郭、夏、杜三家均以其並非古文而不載入。例如□（盅）

（一・六・三《汗簡》釋沖）、（鶵難）（一・四・五十二）、（爲）（一・三・十一）、（無）（一・二・十三）、（名）（一・二・十四）、（之）（一・二・二十七）、（萬）（一・二・二十一）、（譱善）（一・三・二十一）、（故）（一・三・二十六）、（高）（一・二・四十二）、（行）（一・四・十一）、（功）（一・四・三十）、（爭）（一・四・四十九）、（聖）（一・五・十七）、（嗣、治）（一・五・二十）、（志）（一・五・二十九）、（用）（一・六・五）、（佀、似）（一・六・八）等等。

（八）郭、夏、杜三家字書不載之形，但結構尤有可說的　如「令人心發（狂）」（一・十三・二十二），此狂字左從㞷右從犬，偏旁、聲符均與《說文》正篆同，僅左右移易位置而已。郭、夏、杜三家字書不載此形，但夏韻陽韻有（狂）出《古老子》（二十八上），則與《說文》狂之古文㞷合，而右下改從壬，且易爲上下結構。按（狂）又見杜書卷二頁十四。

（九）碑本形體可正過去板刻之誤　如罠，碑作「罠玅之門」（一・二五五），《汗簡》中一、㐺部，見說文（二十二上）。上半均從目，與《說文》「從㐺目會意」的結構合。夏韻送韻作出說文（五十一上），則上從「白」，誤，因郭、夏二書所列「目」字及從目之字均無作此形的，碑本之可貴於此可見一斑。又如「是以聖人」（一・八・二十九），「是謂玄德」（一・十一・五十一），「是」均作（寥）。夏韻紙韻有「是古老子」（三十六下），杜書亦有形，（三・三下）穴下均不明從何結構。今證以碑本，始知穴下從多。嗣後《六書通》紙韻「是」下有，出古老子（五・三下）。蓋據碑本録入的。案「侈」亦有從穴從多之一形，《汗簡》注「出字略」（十八上），夏韻亦收此形，注出「李商隱字略」（三十七上）。蓋因「侈」、「是」同在紙韻，而聲紐昌（侈）、禪（是）則互爲旁紐，音近可通的。

高氏篆書此經，字愈五千，爲了提高書法藝術的優美多樣，同字多變寫法，筆形必有移易，此等改變並不致影響偏字結構，差別細微，摹寫恐易失真，此從省略。

二

《集篆古文韻海》，五卷，宋杜從古撰。今僅見《宛委別藏》選集影摹舊鈔本三册，民國二十四年商務印書館依故宫博物院藏本影印。惜未見其他版本可資校補。

舊日著録，僅見於阮元《四庫未收書提要》，略稱「杜從古，字唐稽，里居未詳。陶宗儀云：『從古官至禮部郎。』自序稱朝議郎尚書職方員外郎，蓋指其作書時而言。是編藏書家未見著録，此依舊鈔影摹。……按《書史會要》云：『宣和中，（從古）與米友仁、徐兢同爲書學博士。』高宗云：『先皇帝喜書，設學養士，獨得杜唐稽一人。』今觀其書，所譽良不虚也。」〔一八〕阮氏此文，惜無一語評論原書内容及價值。

原鈔本葉心高二十一、寬十五公分。白口，葉心寫「古文韻海卷×」，下寫葉數。烏絲闌。每半葉八行，行寫古文大字五字，各附小楷釋文。卷首有自序三葉，末署「宣和元年九月二十八日朝請郎尚書職方員外郎臣杜從古謹序」。無目録，依韻書成例，正文按聲調分爲五卷，即：卷一，上平聲，二十八韻；卷二，下平聲，二十九韻；卷三，上聲，五十五韻；卷四，去聲，六十韻；卷五，入聲，三十四韻；合二百六韻。各卷韻目次第及韻目用字多依《廣韻》，各韻内單字則依《集韻》排列次序。

杜氏自序述明編寫是書的目的，説：「臣嘗懼朝廷有大典册，垂之萬世，而百氏濡毫，體法不備，豈不累太平之盛舉。」可見編寫的動機有二，一是備朝廷撰寫典册之需，如宋徽宗時鑄造的青銅禮樂器上的銘文用字。二是供民間寫刻紀念文件，如墓誌銘蓋、碑額、印章等的用字〔一九〕。於是他就擴大了古文字典《汗簡》、《古文四聲韻》等書的收字範圍，重新編出這部大型古文字典，以供社會上的各方需用。

是書所收的古文，據自序説，這些來源是：「今輒以所集鐘鼎之文、周秦之刻，下及崔瑗、李陽冰筆意近古之字，句中正、郭忠恕碑記集古之文，有可取者，摭之不遺；猶以爲未也，又爬羅《篇》、《韻》所載古文，詳考其當，收之略盡。」

接著説所收字數：「於今《韻略》，字有不足，則又取許慎《説文》，參以鼎篆偏旁補之，庶足於用，而無闕焉。比《集韻》則不足，校《韻略》則有餘。視竦所集，則增廣數十倍矣。」

今天看來這書的貢獻，在於補出了《集韻》裏的許多重文的古文寫法。《集韻》所録的重文，現在公認在古文形體上很有價值，可惜只是隸古定，本書就把一些字的古文寫出。《集韻》編者所能見到的古文資料，杜從古當時也能見到，雖然此書未能記明出處，卻未必就是杜氏杜撰的。這裏選印卷一上平聲二十五寒全韻各字，取與《汗簡》、《古文四聲韻》二書相校，則可確知：

（一）本書增補《集韻》之古文，郭、夏二書失收的：有鶾　豻䮧　䆄　看䀍　琹　奸　姍䶮　餐湌　殂㱦　䗶盬　聅（釋文誤耼）　攤擹　藪嘆　蟺鼉　讕調　籣韊　爛爤（釋文誤爤）　𤏸𢿋（釋文誤𤏸）　爤爤　這類古文，或者懷疑是後起的增旁繁文，並無明確的根據，故此説不足信。全韻所收古文字頭共三十六字，見上所舉新增古文字頭，就多到十九字，占三分之一强。這就擴大了古文形體的範圍，同時也是對郭、夏等書的新貢獻。

（二）吸收了前人研究的成果。如採用郭、夏二書之古文的，本韻有：寒（第一形以前未見）　韓　翰　干　乾　玕　散　安　簝　單　丹　壇　彈　柬　難等，此數古文，均可在郭、夏二書中查出，且有明確出處。

今取本韻所收之字，以與《集韻》相比，幾乎全已收入，僅餘韻末「子干切籛」和「知干切屬」兩個後增僻字未收。《汗簡》依部首列字，與此書不能比較多少。《古文四聲韻》寒韻只收古文字頭十三字，本書則增多了近兩倍。

本書在體例上也明顯地暴露一些缺陷，其中最引人非議的，當首推所列古文各形，均未注明出處。作者以爲「其所出處之目，則不盡收其書，且以《汗簡》諸書爲證」（自序）。他説的卷首列的《引書目録》，省去尚可，至於單字下的出處，卻千萬不能缺少。編時根據的那些材料，時經八百多年，大多亡佚，即有《汗簡》，只有互相引用的各字可證，大量新增之字，今天就無從參驗了。

是書原來有否板刻，今已無考。現所見影鈔本時見闕訛。而古文形體則大多書寫工整，瘦勁有力，似出自行家之手。釋文則毛病頗多，如以寒韻爲例，一行以「韓汗」釋古文韓，汗字似衍，兩字原在兩紐，未見相通之例。二行[古文]釋「豻𩋠」，則原爲二字，音義均别。[古文]釋「看刊」，刊不應列此。三行[古文][古文][古文][古文]釋「奸肝竿」，肝、竿不應闌入。下三形爲「乾」字，應補釋文，另列字頭。六行[古文]單應合併爲一。[古文][古文]釋「丹簞（原誤寫簟）匰鄲灘攤」，丹下五字均應分别。七行[古文]釋「眹（原寫眣）驙鸇」，下二列均應分列。造成多字誤列一字頭下的原因，恐係原稿斷爛，許多古文漫没不清，寫者遂把相鄰的幾個古文的釋文，合鈔一處。缺少古文之處，一二字不計，有時一行空白，如卷四去聲宥韻「疚」至「痈」中間，依《集韻》，空白處應有「煩、忧、趙、盍」諸字頭。

本書的這些缺失，無疑會影響它的使用和流傳的。

一九八八年，我寫成此文初稿，在年會上散發。當時對杜氏此書，曾持否定態度。近幾年來，陸續披讀，又看出一些優點，重新改定，自覺較前公允。聽説此書要重新影印出版，我認爲應加校勘後再印，纔好適應當前的研究者使用。

一九八八年六月初稿

一九九一年四月改寫

注釋

〔一〕《陝西金文志》卷二頁二十五著録此碑，注「共刊四碑」。因編者原碑，僅據拓片四張著録，遂誤認四碑。沿誤至今，如《陝西石刻文獻目録集存》導論十頁、正文二〇一頁，同誤未改。

〔二〕碑側亦有後人妄刻道家造字聯：「軉䠶叜桱悆䅾鬃（玉爐燒煉延年藥），䟫僔僡琙济㦀䲷（正道行修益壽丹）。」頗俗鄙。

〔三〕見《石墨鐫華》卷五頁十五。

〔四〕見《金石存》卷四頁二十四。

〔五〕見《關中金石記》卷八頁八。

〔六〕見鄭知同《汗簡箋正序》光緒己丑十五年，（公元一八八九年）廣雅書局本第一頁。

〔七〕《戰國文字通論》，何琳儀著，中華書局一九八九年版。

〔八〕《汗簡注釋》，黄錫全著，武漢大學出版社一九九〇年版。

〔九〕《古璽文編校訂》，吴振武著，吉林大學古籍研究所古文字學博士論文，一九八四年影印本。

〔一〇〕壬子爲元憲宗二年，十二月則已到公元一二五三年。

〔一一〕乙卯爲元憲宗五年，公元一二五五年。

〔一二〕庚寅爲至元二十七年，公元一二九〇年。

〔一三〕至元二十八年辛卯，公元一二九一年。

〔一四〕原碑題《道德經》，二碑，各刻一面，正書，無刻石年月，見《陝西金石志》（卷二七頁二十七）等書著録。

〔一五〕朱謙之《老子校釋》本書所據版本書目分六類，共一〇三種（一九五八年龍門聯合書局版）。後出漢寫本帛書甲乙本等尚未計入。

〔一六〕見《老子甲乙本與傅奕本對照表》，載《馬王堆漢墓帛書》（壹）一一五頁。

〔一七〕鄭珍《汗簡箋正・書目・古老子》：「編内止一『盅』字，（按見『𢇍沖見古老子』」十三上）是從《説文》注稱《老子》採者。……宋以前相傳自有古本。夏氏《古文韻》採其字最夥，郭氏乃無一及之。（按前已指出『編内止一盅字』，此何得謂『郭氏乃無一及之』？）嘗見

《古老子》石刻殘拓，尚存八百餘字，以古篆形書之，大抵依《說文》古籀，兼採它書。其文異王弼本者過半，而字體或怪妄不經。未詳何代人所僞託。」（頁六）近來黄錫全先生也認爲「鄭珍先說的石刻，可能就是此碑」（《汗簡注釋·書目》四十二頁）。這一說法與我設想馮舒《汗簡跋》所說的他見過的《古老子》，可能也指此碑，都認爲明、清學者以此碑誤認爲《古老子》的思路，有相同處。

〔一八〕《四庫全書總目》，中華書局一九六五年版一八五五頁附録。

〔一九〕用古文寫墓誌蓋，自宋下及金元，今所見者尚有幾方，如：□□□□□□□□□宋故中山劉君之墓銘，慶曆八年（一○四八）未署書人《千唐志齋藏志》一二六八頁下册。□□□□□□□□□□□大宋故清逸處士魏君墓誌銘，外甥司馬雍篆蓋，熙寧二年（一○六九）《文物》一九九○年十二期八三——五頁。□□□□□□□□□□□□□□□金故信武將軍騎都尉致仕虞公墓誌銘，耿寬夫篆，承安二年（一一九七）《文物》一九八二年第一期五十頁圖三。這些古文寫的工拙不一，結構也多變化。三方共有的「墓」作□，則見於《古文四聲韻》去聲墓韻，注「出季札墓銘」（五十五上）。亦見《韻海》作□（四·十三），則形稍變。「金」作□，見於《四聲韻》侵韻，云：「出古老子。」（三十三上）亦見《韻海》（二·二十七），與此同形。「虞」作□，而《四聲韻》虞韻作□，云「出雲臺碑」（十二下）。而《韻海》作□（一·九下），筆形稍異。「君」作□，見《汗簡》上一口部「□尚書」（三下），《四聲韻》文韻「□古尚書」（十七下）。「魏」作□，見於《汗簡》中一禾部「□魏出字略」（十九上）。《四聲韻》未韻「□李商隱字略」（五十四上），《韻海》亦有此形（四·十）。「中」作□，見《汗簡》上一丨部「□中見尚書」（二下），《四聲韻》東韻「□古尚書」（六上），這都說明民間寫的古文，都是根據字書摹寫的，大多是正確的。

筆畫索引

五　畫

六　畫

八　　畫

十畫

十 一 畫

十 二 畫

十　三　畫

十 五 畫

十 七 畫

十　八　畫

十九畫

二 十 畫

二十一畫

二 十 二 畫

二 十 三 畫

二十四畫

二　十　六　畫

二　十　七　畫

二十八畫以上